2019

中国渔业统计年鉴

农 业 农 村 部 渔 业 渔 政 管 理 局
全国水产技术推广总站　中国水产学会　编制

中国农业出版社
北　京

图书在版编目(CIP)数据

2019中国渔业统计年鉴 / 农业农村部渔业渔政管理局，全国水产技术推广总站，中国水产学会编制 .— 北京:中国农业出版社，2019. 5

ISBN 978-7-109-25510-4

Ⅰ.①2… Ⅱ.①农…②全… ③中… Ⅲ. ①渔业经济-统计资料-中国-2019-年鉴 Ⅳ. ①F326.4-66

中国版本图书馆CIP数据核字(2019)第094412号

2019中国渔业统计年鉴

2019 ZHONGGUO YUYE TONGJI NIANJIAN

中国农业出版社出版

(北京市朝阳区麦子店街18号楼)

(邮政编码100125)

责任编辑 陈 瑨

北京通州皇家印刷厂印刷 新华书店北京发行所发行

2019年5月第1版 2019年5月北京第1次印刷

开本:787mm×1092mm 1/16 印张:9. 75 插页:8

字数:300千字

定价:200. 00元

《中国渔业统计年鉴》编辑委员会

编　者　说　明

一、《中国渔业统计年鉴》以正式出版年份标序。其统计数据起讫日期：渔民家庭收支调查起讫时间为2017年11月1日至2018年10月31日；渔业科技统计数据起讫时间为2017年1月1日至2017年12月31日；其他数据起讫时间为2018年1月1日至12月31日。

二、统计数据中，远洋渔业数据按照远洋渔业管理办法进行统计；水产品贸易数据来源于中国海关统计；渔业科技数据来源于农业农村部相关统计资料；技术推广数据来源于全国水产技术推广总站、中国水产学会；其余数据来源于31个省、自治区、直辖市渔业主管部门和中国农业发展集团总公司。

三、主要统计指标数据执行2017年度国家统计局批准执行的统计指标体系（国统制〔2017〕173号）。

四、度量衡单位均采用国际统一标准计量单位。涉及水产品产量数字一律采用1996年制定的水产品产量统计新标准统计。

五、部分数据合计数或相对数由于单位取舍不同而产生的计算误差，均未做机械调整。

六、全国统计数据中，均未包括香港特别行政区、澳门特别行政区和台湾省。

七、各表中的“空格”表示该项统计指标数据不足本表最小单位数、数据不详或无该项数据。

八、本年鉴数据如有误列，敬请及时指正。

2018 年全国渔业统计情况综述

2018 年是贯彻党的十九大精神、实施乡村振兴战略的开局之年。在农业农村部的坚强领导下，全国渔业系统坚持以习近平新时代中国特色社会主义思想为指导，深入贯彻党的十九大和十九届一中、二中、三中全会精神，落实高质量发展要求，持续深化渔业供给侧结构性改革，坚持提质增效、减量增收、绿色发展、富裕渔民，促进渔业经济平稳健康发展。

一、全社会渔业经济总产值和增加值

按当年价格计算，2018 年全社会渔业经济总产值 25 864.47 亿元，其中渔业产值 12 815.41 亿元、渔业工业和建筑业产值 5 675.09 亿元、渔业流通和服务业产值 7 373.97 亿元，三个产业产值的比例为 49.6 : 21.9 : 28.5，如图 1 所示。渔业流通和服务业中休闲渔业产值 902.25 亿元，同比增长 18.03%。

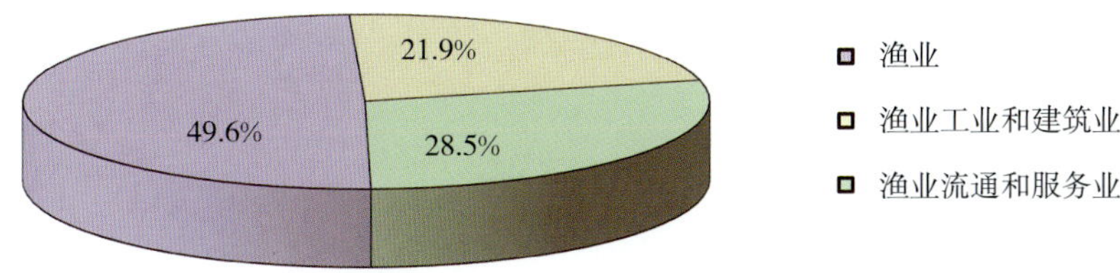

图 1　2018 年全社会渔业经济总产值构成

渔业产值中，海洋捕捞产值 2 228.76 亿元，海水养殖产值 3 572.00 亿元，淡水捕捞产值 465.77 亿元，淡水养殖产值 5 884.27 亿元，水产苗种产值 664.62 亿元（渔业产值以国家统计局年报数为准）。

渔业产值中（不含苗种），海水产品与淡水产品的产值比例为 47.7 : 52.3，养殖产品与捕捞产品的产值比例为 77.8 : 22.2。

二、渔民人均纯收入

据对全国 1 万户渔民家庭当年收支情况调查，2018 年全国渔民人均纯收入 19 885.00 元，比上年增加 1 432.22 元、增长 7.76%。

三、水产品产量及人均占有量

2018 年，全国水产品总产量 6 457.66 万吨，比上年增长 0.19%。其中，养殖产量4 991.06万吨，同比增长1.73%，捕捞产量1 466.60万吨，同比下降4.73%，养殖产品与捕捞产品的产量比例为77.3∶22.7，如表1、表2所示；海水产品产量3 301.43万吨，同比下降0.61%，淡水产品产量3 156.23万吨，同比增长1.04%，海水产品与淡水产品的产量比例为51.1∶48.9。

表1　2018年全国水产养殖产量

单位：万吨

指　标	养殖产量	海水养殖		淡水养殖	
		产量	同比(%)	产量	同比(%)
全国总计	**4 991.06**	**2 031.22**	**1.53**	**2 959.84**	**1.88**
鱼　类	2 693.78	149.51	5.33	2 544.28	0.13
甲壳类	514.11	170.29	4.40	343.81	17.80
贝　类	1 463.51	1 443.93	0.47	19.58	-8.86
藻　类	235.08	234.39	5.21	0.69	-3.28
其　他	84.58	33.10	-7.34	51.48	2.41

表2　2018年国内捕捞产量

单位：万吨

指　标	国内捕捞产量	海洋捕捞		淡水捕捞	
		产量	同比(%)	产量	同比(%)
全国总计	**1 466.60**	**1 044.46**	**-6.11**	**196.39**	**-10.04**
鱼　类	863.31	716.23	-6.40	147.08	-8.97
甲壳类	223.80	197.95	-4.65	25.85	-10.65
贝　类	64.25	43.04	-2.82	21.20	-15.80
藻　类	1.83	1.83	-8.46	0.01	-83.11
头足类	56.99	56.99	-7.56		
其　他	30.67	28.42	-10.24	2.24	-12.62

2018年，全国远洋渔业产量225.75万吨，同比增长8.21%，占水产品总产量的3.50%。

2018年，全国水产品人均占有量46.28千克，比上年减少0.09千克、降低0.19%。

四、水产养殖面积

2018年，全国水产养殖面积7 189.52千公顷，同比下降3.48%。其中，海水养殖面积2 043.07千公顷，同比下降1.97%；淡水养殖面积5 146.46千公顷，同比下降 4.07%；海水养殖与淡水养殖的面积比例为 28.4∶71.6，如表 3、表 4 所示。

表 3　2018 年全国海水养殖面积

单位：千公顷

指　标	2018 年	同比(%)	占总面积比重
全国总计	**2 043.07**	**-1.97**	
鱼　类	75.12	-16.45	3.68
甲壳类	295.01	-1.35	14.44
贝　类	1 241.11	-3.55	60.75
藻　类	144.15	-0.76	7.06
其他类	287.68	9.35	14.08

表 4　2018 年全国淡水养殖面积

单位：千公顷

指　标	2018 年	同比(%)	占总面积比重
全国总计	**5 146.46**	**-4.07**	
池　塘	2 666.84	5.50	51.82
湖　泊	746.16	-15.83	14.50
水　库	1 441.67	-10.75	28.01
河　沟	179.41	-16.06	3.49
其　他	112.38	-7.54	2.18

五、渔船拥有量

2018 年，年末渔船总数 86.39 万艘、总吨位 1 080.15 万吨。其中，机动渔船 55.62 万艘、总吨位 1 041.44 万吨、总功率 2 073.58 万千瓦；非机动渔船 30.77 万艘、总吨位为 38.71 万吨。

机动渔船中，生产渔船 53.39 万艘、总吨位 931.18 万吨、总功率 1 841.93 万千瓦；辅助渔船 2.22 万艘、总吨位 110.26 万吨、总功率 231.65 万千瓦。

六、渔业人口和渔业从业人员

2018 年，渔业人口 1 878.68 万人，比上年减少 53.18 万人、降低 2.75%。渔业人口中传统渔民为 618.29 万人，比上年减少 33.85 万人、降低 5.19%。渔业从业人员 1 325.72 万人，比上年减少 33.67 万人、降低 2.48%。

七、水产品加工与贸易

截至 2018 年年底，全国水产加工企业 9 336 个，水产冷库 7 957 座。水产加工品总量 2 156.85 万吨，同比下降 1.79%。其中，海水加工产品 1 775.02 万吨，淡水产品 381.83 万吨，同比分别下降 0.73% 和 6.46%。用于加工的水产品总量 2 653.41 万吨，同比下降 0.99%，其中海水产品 2 099.02 万吨、淡水产品 554.39 万吨，同比分别下降 0.36% 和 3.33%。

据海关总署统计，2018 年，我国水产品进出口总量 954.42 万吨、进出口总额 371.88 亿美元，同比分别增长 3.33% 和 14.44%。其中，出口量 432.20 万吨、出口额 223.26 亿美元，同比分别下降 0.40% 和增长 5.56%；进口量 522.22 万吨、进口额 148.61 亿美元，同比分别增长 6.64% 和 30.99%。贸易顺差 74.65 亿美元，比上年同期减少 23.39 亿美元。

八、渔业灾情

2018 年，由于渔业灾情造成水产品产量损失 83.44 万吨，受灾养殖面积 606.79 千公顷，沉船 868 艘，死亡、失踪和重伤人数 43 人，直接经济损失 157.61 亿元。

九、渔业基础设施

2018 年，全国国家级水产原良种场 86 个，比上年增加 2 个、增长 2.38%。国家级种质资源保护区 535 个，与上年相同。

2014—2018 年主要统计指标统计图

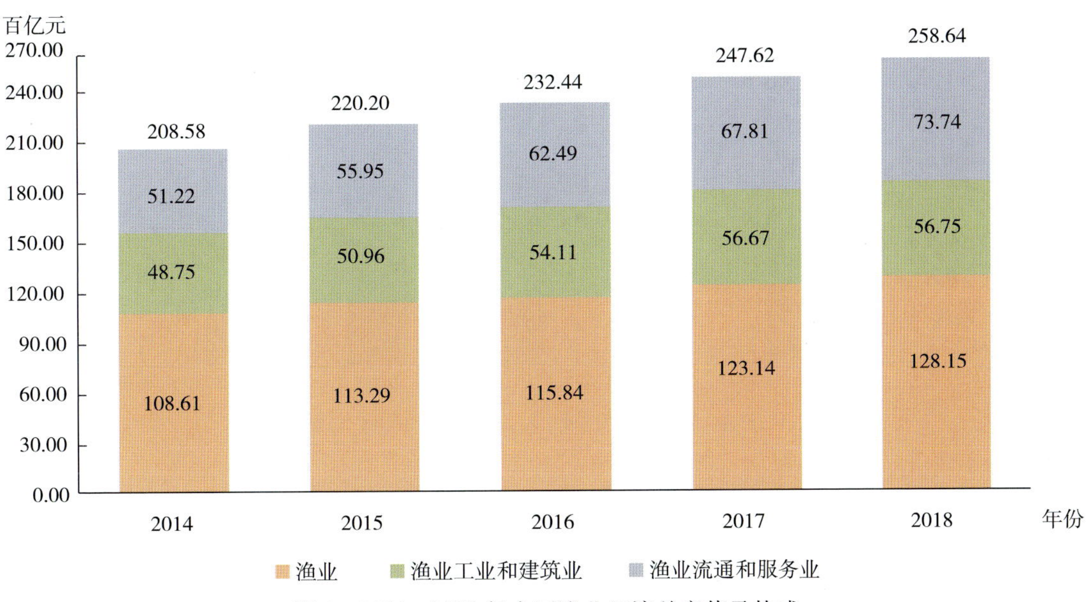

图 1　2014—2018 年全国渔业经济总产值及构成

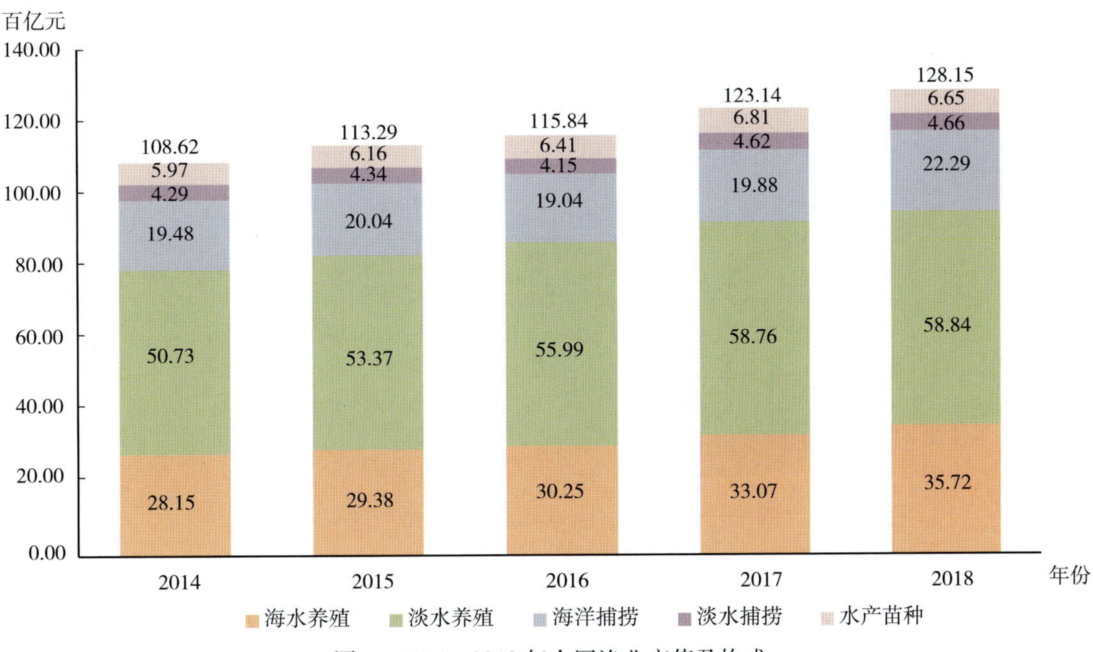

图 2　2014—2018 年全国渔业产值及构成

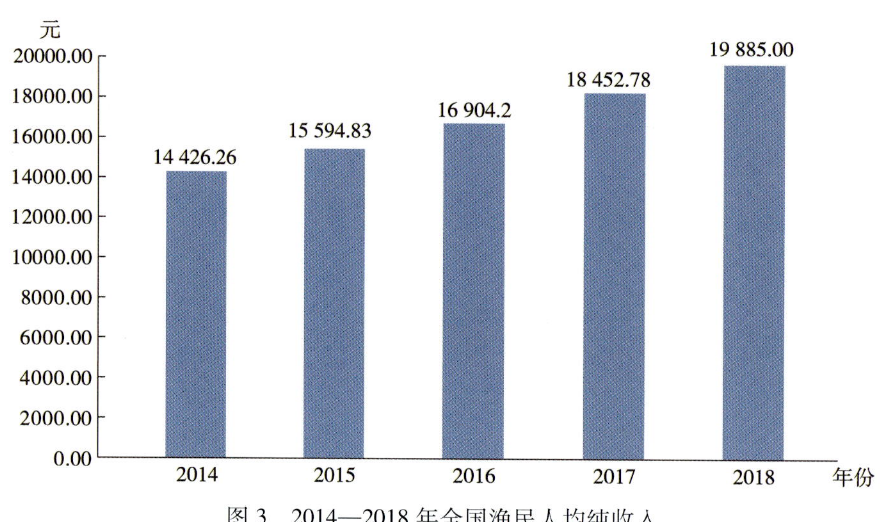

图 3　2014—2018 年全国渔民人均纯收入

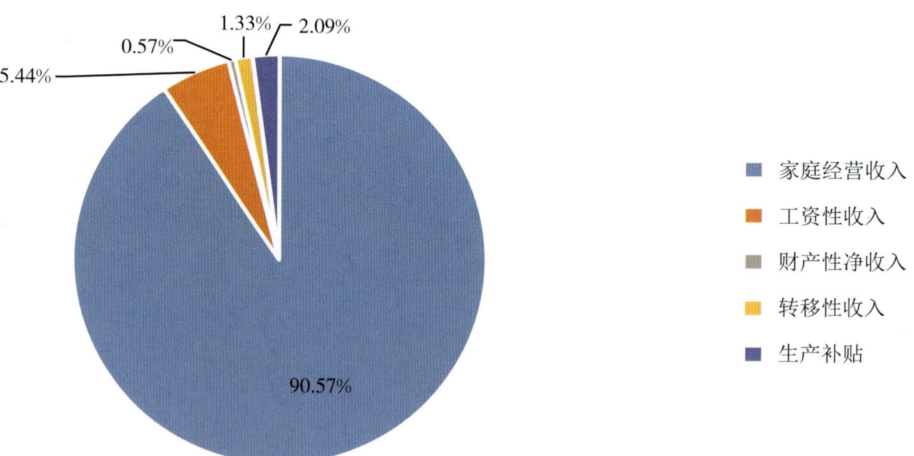

图 4　2018 年全国渔民家庭人均总收入构成

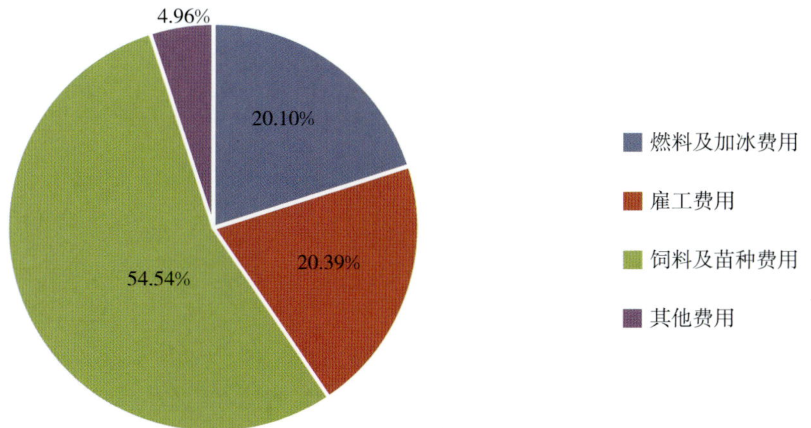

图 5　2018 年全国渔民家庭经营渔业人均支出构成

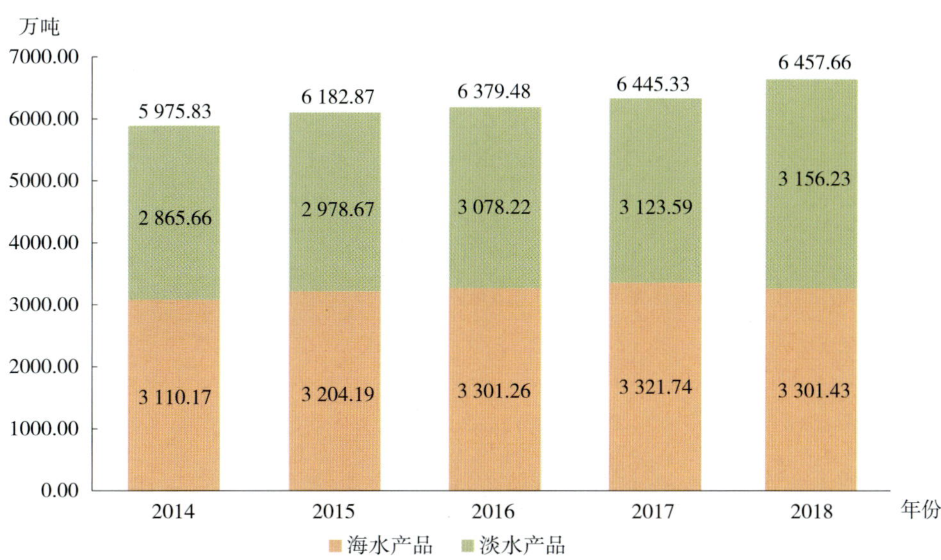

图 6　2014—2018 年全国水产品产量及构成

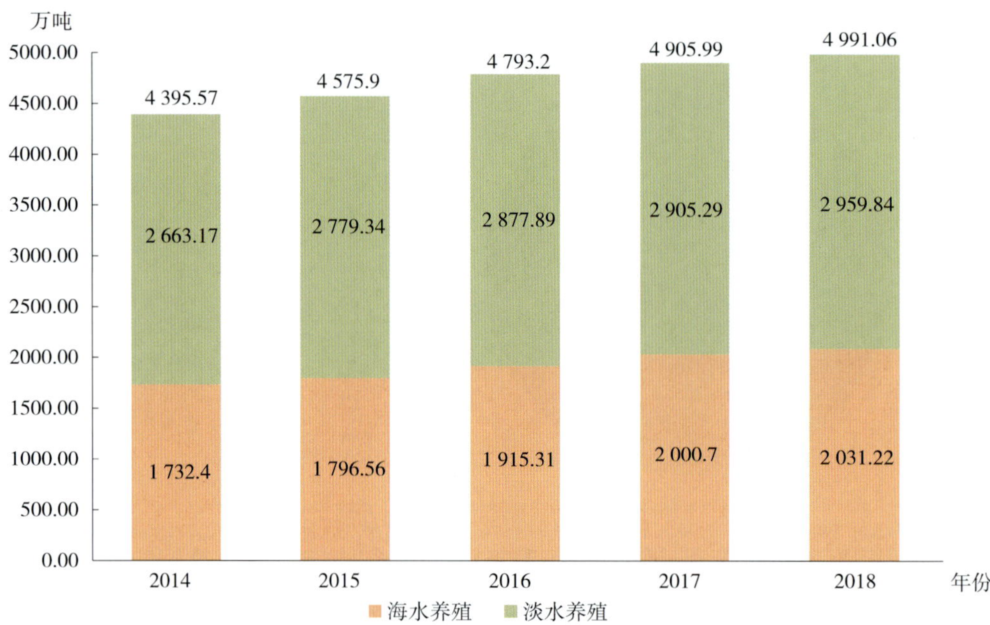

图 7　2014—2018 年全国养殖产品产量及构成

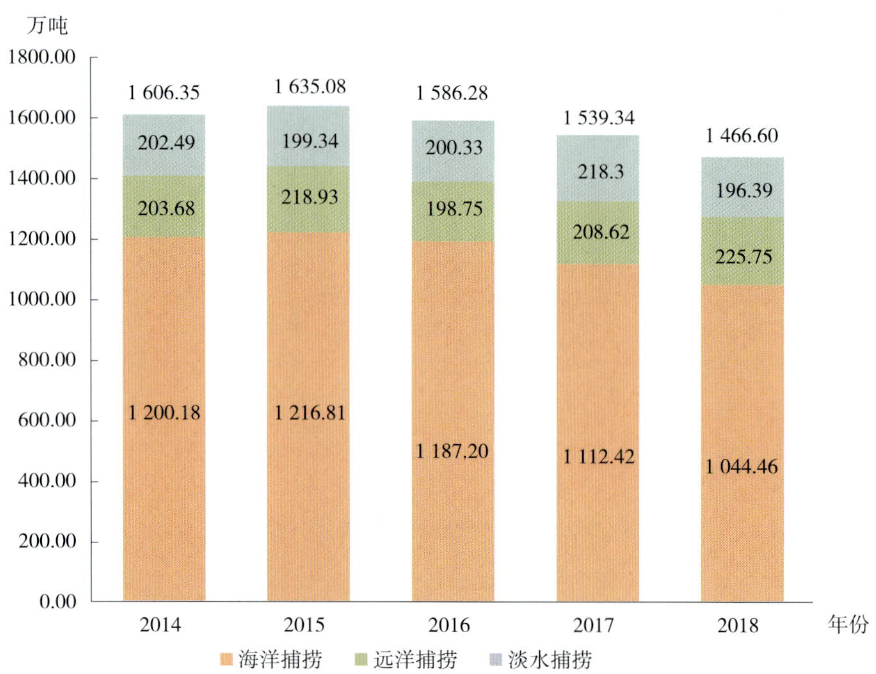

图 8　2014—2018 年全国捕捞产品产量及构成

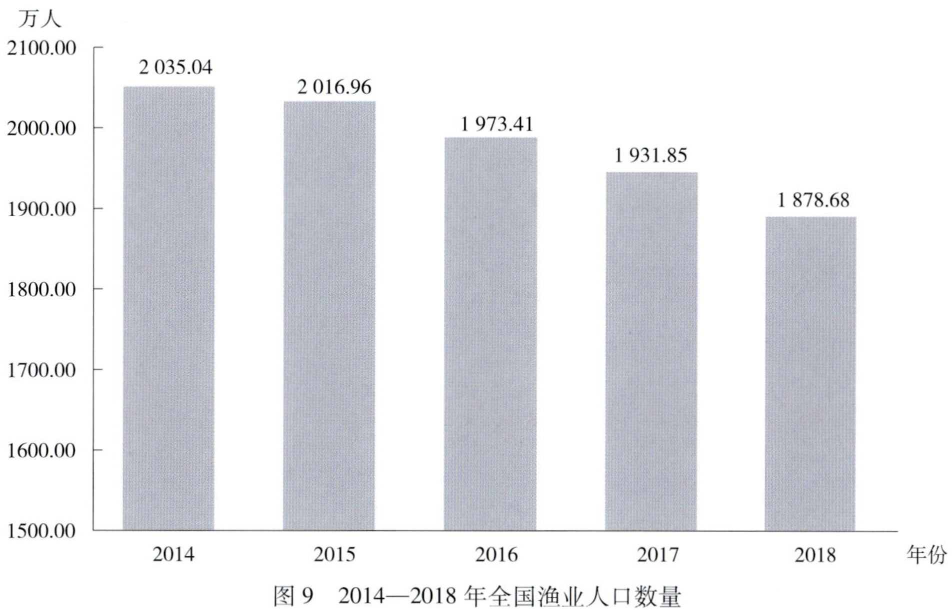

图 9　2014—2018 年全国渔业人口数量

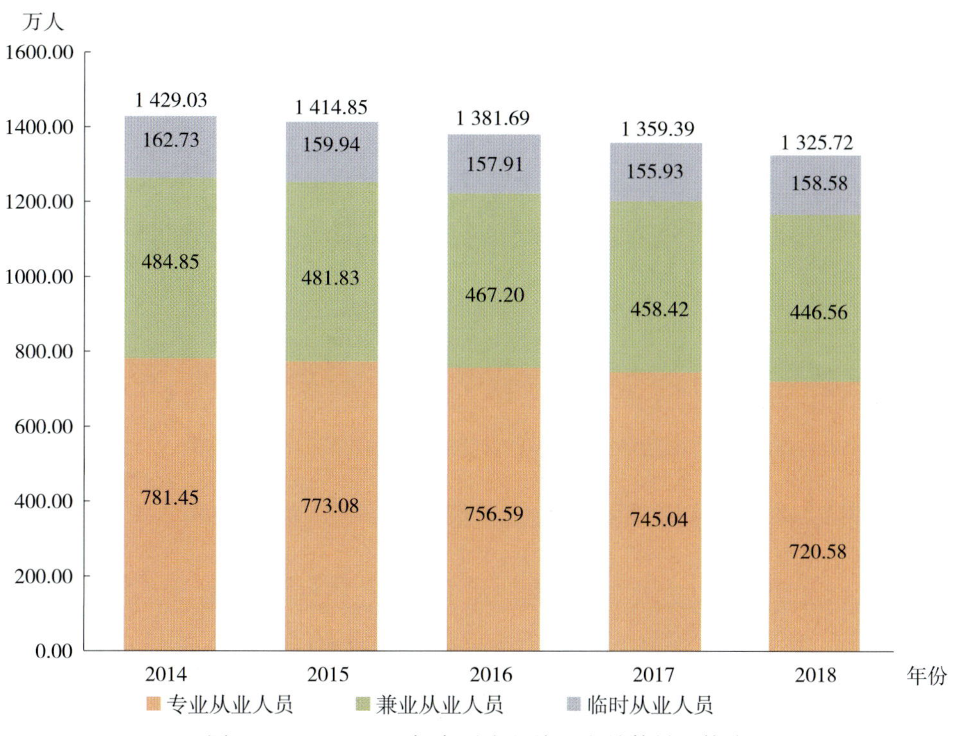

图 10　2014—2018 年全国渔业从业人员数量及构成

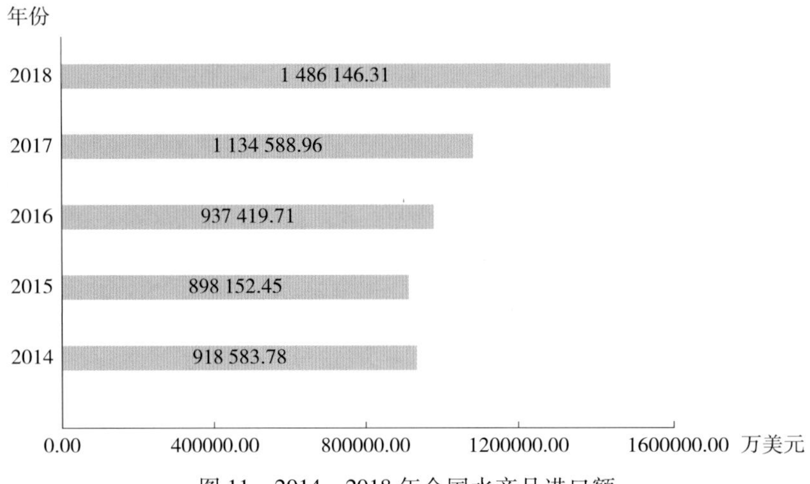

图 11　2014—2018 年全国水产品进口额

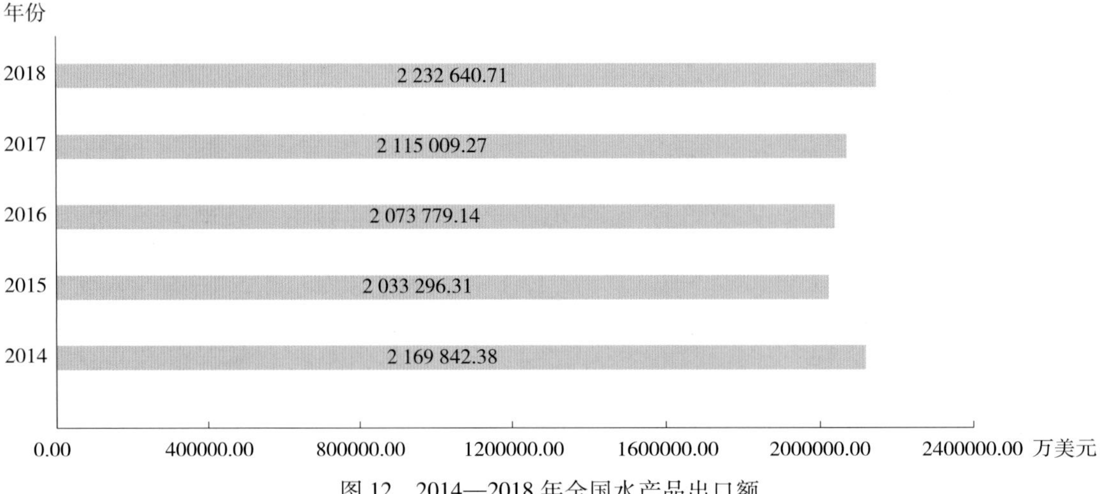

图 12　2014—2018 年全国水产品出口额

目　　录

第一部分

经济核算

1-1　总产值

全国渔业经济总产值
（按当年价格计算）

单位：万元

指　　标	2018 年	2017 年	2018 年比 2017 年增减(±)
渔业经济总产值	**258 644 732.15**	**247 612 203.78**	**11 032 528.37**
1. 渔业	128 154 129.31	123 138 456.82	5 015 672.49
其中:海水养殖	35 720 005.13	33 073 954.05	2 646 051.08
淡水养殖	58 842 681.35	58 762 497.43	80 183.92
海洋捕捞	22 287 573.77	19 876 514.82	2 411 058.95
淡水捕捞	4 657 715.05	4 617 538.97	40 176.08
水产苗种	6 646 154.01	6 807 951.55	-161 797.54
2. 渔业工业和建筑业	56 750 934.70	56 666 171.57	84 763.13
其中:水产品加工	43 367 909.15	43 050 766.78	317 142.37
渔用机具制造	3 848 943.61	3 583 056.17	265 887.44
其中:渔船渔机修造	2 311 046.24	2 263 880.53	47 165.71
渔用绳网制造	1 361 687.19	1 200 587.16	161 100.03
渔用饲料	6 471 452.71	6 465 927.00	5 525.71
渔用药物	194 976.24	184 496.34	10 479.90
建筑业	1 936 329.03	2 351 750.53	-415 421.50
其他	931 323.96	1 030 174.75	-98 850.79
3. 渔业流通和服务业	73 739 668.14	67 807 575.39	5 932 092.75
其中:水产流通	58 392 955.22	54 439 786.51	3 953 168.71
水产(仓储)运输	4 128 041.97	3 725 846.28	402 195.69
休闲渔业	9 022 548.17	7 644 100.37	1 378 447.80
其他	2 196 122.78	1 997 842.23	198 280.55

各地区渔业经济总产值、渔业产值
（按当年价格计算）

单位:万元

地　　区	2018 年		2018 年比 2017 年增减(±)		渔业产值占农业产值比重(%)
	渔业经济总产值	其中:渔业产值	渔业经济总产值	其中:渔业产值	
全国总计	**258 644 732.15**	**128 154 129.31**	**11 032 528.37**	**5 015 672.49**	**10.7**
北　京	296 325.46	61 631.15	-11 745.04	-48 790.65	2.1
天　津	800 760.00	736 919.00	4 776.05	9 003.64	20.6
河　北	2 645 913.96	2 220 942.00	148 777.43	140 558.38	3.6
山　西	91 453.36	70 632.70	-7 368.36	-7 810.30	0.5
内蒙古	271 775.75	196 002.51	-132 954.87	-126 879.44	1.1
辽　宁	13 053 650.00	6 374 872.00	-210 831.42	-341 777.42	15.9
吉　林	1 370 230.00	406 584.21	70 151.10	-25 176.49	1.8
黑龙江	1 292 331.10	1 100 286.00	97 199.48	73 880.27	1.9
上　海	640 851.75	527 826.50	-72 849.94	-72 145.09	19.8
江　苏	33 859 874.97	17 863 162.97	1 644 223.35	863 685.97	23.7
浙　江	21 814 592.00	10 640 899.00	-1 038 343.00	641 306.00	33.5
安　徽	8 545 982.81	5 273 937.89	171 366.81	194 218.81	10.8
福　建	31 001 114.45	13 645 754.25	3 001 034.52	1 169 220.28	31.2
江　西	10 300 750.73	5 119 006.20	286 807.24	246 666.17	15.1
山　东	41 330 730.00	15 582 170.00	1 461 835.28	-128 984.61	15.2
河　南	2 280 217.00	1 348 553.00	6 143.20	132 111.50	1.5
湖　北	25 893 157.00	12 052 032.00	830 579.00	198 179.00	17.8
湖　南	6 056 006.07	4 429 350.38	603 966.47	208 804.23	7.8
广　东	34 525 370.80	14 153 875.76	3 064 573.75	1 087 424.84	21.6
广　西	6 581 159.62	5 323 650.37	366 860.75	334 338.17	10.5
海　南	5 659 656.96	4 096 707.73	129 940.06	132 504.95	24.8
重　庆	1 690 016.00	1 116 792.00	185 726.00	57 068.00	4.9
四　川	4 417 959.45	2 716 917.48	343 048.75	141 217.80	3.4
贵　州	610 265.00	580 494.07	-80 023.29	-69 060.88	1.7
云　南	1 702 995.45	1 053 486.09	37 014.17	118 646.81	2.4
西　藏	3 653.30	2 933.30	-797.76	-338.06	0.1
陕　西	520 453.00	296 676.00	36 546.33	971.40	0.9
甘　肃	22 455.17	19 451.46	-2 241.42	-2 161.01	0.1
青　海	56 003.70	56 003.70	21 601.65	21 601.65	0.9
宁　夏	389 289.72	220 842.90	9 624.41	6 046.71	3.3
新　疆	347 447.57	293 446.69	55 187.67	48 641.86	0.8
中农发集团	572 290.00	572 290.00	12 700.00	12 700.00	

各地区渔业经济总产值(一)
(按当年价格计算)

单位:万元

地　　区	总　　计	一、渔业产值			
		合　计	海水养殖	淡水养殖	海洋捕捞
全国总计	**258 644 732.15**	**128 154 129.31**	**35 720 005.13**	**58 842 681.35**	**22 287 573.77**
北　　京	296 325.46	61 631.15		40 704.35	7 212.00
天　　津	800 760.00	736 919.00	70 821.00	505 516.00	118 104.00
河　　北	2 645 913.96	2 220 942.00	1 052 270.11	493 432.72	456 167.89
山　　西	91 453.36	70 632.70		66 383.60	
内 蒙 古	271 775.75	196 002.51		156 169.33	
辽　　宁	13 053 650.00	6 374 872.00	3 393 225.00	1 183 922.00	1 115 537.00
吉　　林	1 370 230.00	406 584.21		332 418.00	
黑 龙 江	1 292 331.10	1 100 286.00		952 206.23	
上　　海	640 851.75	527 826.50		265 913.86	242 325.21
江　　苏	33 859 874.97	17 863 162.97	2 822 773.00	10 550 026.00	2 403 852.00
浙　　江	21 814 592.00	10 640 899.00	2 134 693.00	2 281 732.00	5 754 278.00
安　　徽	8 545 982.81	5 273 937.89		4 215 878.12	
福　　建	31 001 114.45	13 645 754.25	7 800 446.91	1 710 102.24	3 522 286.09
江　　西	10 300 750.73	5 119 006.20		4 232 297.00	
山　　东	41 330 730.00	15 582 170.00	9 098 346.00	2 043 782.00	3 513 763.00
河　　南	2 280 217.00	1 348 553.00		1 155 946.00	
湖　　北	25 893 157.00	12 052 032.00		10 752 111.00	
湖　　南	6 056 006.07	4 429 350.38		4 005 725.09	
广　　东	34 525 370.80	14 153 875.76	6 039 940.00	6 135 722.00	1 477 213.00
广　　西	6 581 159.62	5 323 650.37	2 116 765.00	1 826 728.00	1 014 960.00
海　　南	5 659 656.96	4 096 707.73	1 190 725.11	538 855.26	2 089 585.58
重　　庆	1 690 016.00	1 116 792.00		902 380.00	
四　　川	4 417 959.45	2 716 917.48		2 334 409.72	
贵　　州	610 265.00	580 494.07		474 220.70	
云　　南	1 702 995.45	1 053 486.09		898 789.94	
西　　藏	3 653.30	2 933.30		967.50	
陕　　西	520 453.00	296 676.00		263 666.00	
甘　　肃	22 455.17	19 451.46		18 767.75	
青　　海	56 003.70	56 003.70		56 003.70	
宁　　夏	389 289.72	220 842.90		196 991.24	
新　　疆	347 447.57	293 446.69		250 914.00	
中农发集团	572 290.00	572 290.00			572 290.00

各地区渔业经济总产值(二)
(按当年价格计算)

单位:万元

地　　区	一、渔业产值(续)		二、渔业工业和建筑业		
	淡水捕捞	水产苗种	合　计	水产品加工	渔用机具制造
					小　计
全国总计	**4 657 715.05**	**6 646 154.01**	**56 750 934.70**	**43 367 909.15**	**3 848 943.61**
北　京	3 840.80	9 874.00	13 073.87	5 382.87	
天　津	16 870.00	25 608.00	7 360.00		
河　北	73 002.28	146 069.00	257 805.32	222 380.50	9 733.00
山　西	2 616.40	1 632.70	1 781.13		
内蒙古	29 928.57	9 904.61	16 127.00	16 127.00	
辽　宁	71 386.00	610 802.00	3 266 834.00	2 769 500.00	104 698.00
吉　林	57 826.00	16 340.21	610 493.04	602 608.04	220.00
黑龙江	104 793.77	43 286.00	58 352.00	35 410.00	
上　海	4 781.93	14 805.50	101 158.25	101 158.25	
江　苏	1 302 052.00	784 459.97	4 395 626.98	2 613 278.01	253 976.20
浙　江	262 004.00	208 192.00	5 513 282.00	4 494 117.00	273 129.00
安　徽	695 017.14	363 042.63	1 309 789.78	488 744.06	690 851.37
福　建	149 204.76	463 714.25	11 802 094.85	10 380 244.00	684 214.00
江　西	508 476.00	378 233.20	2 937 848.23	2 154 282.90	43 728.54
山　东	144 609.00	781 670.00	14 047 418.00	11 081 718.00	1 604 380.00
河　南	71 173.00	121 434.00	220 717.00	52 755.00	975.00
湖　北	307 889.00	992 032.00	5 417 887.00	4 057 807.00	14 426.00
湖　南	106 388.91	317 236.38	573 963.57	255 983.37	61 108.10
广　东	185 342.00	315 658.76	3 632 467.62	2 188 439.00	72 873.53
广　西	84 413.00	280 784.37	608 672.67	528 355.26	3 185.00
海　南	23 222.18	254 319.60	1 334 887.17	1 230 461.94	27 753.07
重　庆	101 555.00	112 857.00	106 846.00	8 413.00	2 554.00
四　川	144 961.28	237 546.48	265 668.93	10 120.10	217.00
贵　州	73 514.60	32 758.77	3 979.00	3 883.00	45.00
云　南	90 837.02	63 859.13	149 592.08	58 710.73	244.80
西　藏	1 965.80				
陕　西	10 890.00	22 120.00	32 619.00	30.00	122.00
甘　肃		683.71	10.00		
青　海					
宁　夏	489.42	23 362.24	40 286.64	1 344.00	
新　疆	28 665.19	13 867.50	24 293.57	6 656.12	510.00
中农发集团					

各地区渔业经济总产值(三)
(按当年价格计算)

单位:万元

地区	二、渔业工业和建筑业(续)					
	渔用机具制造(续)		渔用饲料	渔用药物	建筑	其他
	渔船渔机修造	渔用绳网制造				
全国总计	**2 311 046.24**	**1 361 687.19**	**6 471 452.71**	**194 976.24**	**1 936 329.03**	**931 323.96**
北京			7 511.00	180.00		
天津			7 360.00			
河北	7 780.00	1 370.00	22 975.86		2 058.00	657.96
山西			382.00	1 399.13		
内蒙古						
辽宁	67 544.00	28 155.00	183 117.00	11 248.00	166 187.00	32 084.00
吉林	45.00	44.00	635.00	30.00	7 000.00	
黑龙江			21 342.00	660.00	930.00	10.00
上海						
江苏	140 637.76	100 294.03	1 195 954.99	71 022.36	161 653.25	99 742.17
浙江	161 267.00	105 729.00	525 580.00	3 075.00	99 457.00	117 924.00
安徽	10 182.65	680 668.72	110 135.70	7 466.54	10 039.43	2 552.68
福建	627 195.00	54 646.00	492 463.00	1 849.00	58 779.00	184 545.85
江西	23 073.00	20 655.54	504 177.79	17 591.02	179 448.27	38 619.71
山东	1 181 493.00	292 339.00	187 568.00	11 590.00	751 035.00	411 127.00
河南	19.00	956.00	160 490.00	3 611.00	2 299.00	587.00
湖北	2 498.00	11 788.00	918 990.00	27 206.00	396 613.00	2 845.00
湖南	24 813.78	36 294.32	222 902.16	16 146.94	11 126.00	6 697.00
广东	42 521.89	18 982.67	1 286 765.46	10 227.20	49 882.66	24 279.77
广西	2 645.00	516.60	72 948.32	1 682.88	2 224.00	277.21
海南	17 587.16	8 042.51	69 124.30	2 310.99	2 472.89	2 763.98
重庆	765.00	1 095.00	80 269.00	862.00	14 248.00	500.00
四川	217.00		251 248.83	4 080.00		3.00
贵州	45.00		32.50	18.50		
云南	204.00	40.80	82 355.56	1 019.98	5 876.53	1 384.48
西藏						
陕西	13.00	60.00	13 660.00	567.00	13 890.00	4 350.00
甘肃					10.00	
青海						
宁夏			38 942.64			
新疆	500.00	10.00	14 521.60	1 132.70	1 100.00	373.15
中农发集团						

各地区渔业经济总产值(四)
(按当年价格计算)

单位:万元

地区	三、渔业流通和服务业				
	合计	水产流通	水产(仓储)运输	休闲渔业	其他
全国总计	**73 739 668.14**	**58 392 955.22**	**4 128 041.97**	**9 022 548.17**	**2 196 122.78**
北京	221 620.44	144 256.00	4 286.00	73 078.44	
天津	56 481.00	2 200.00	1 800.00	38 159.00	14 322.00
河北	167 166.64	57 340.80	18 253.00	79 588.52	11 984.32
山西	19 039.53	12 780.50	604.12	5 644.91	10.00
内蒙古	59 646.24	25 014.48	3 628.50	31 003.26	
辽宁	3 411 944.00	2 428 670.00	347 375.00	451 303.00	184 596.00
吉林	353 152.75	132 879.09	7 114.60	211 622.06	1 537.00
黑龙江	133 693.10	61 170.00	5 450.00	65 637.10	1 436.00
上海	11 867.00	30.00		11 837.00	
江苏	11 601 085.02	9 741 944.36	423 650.70	1 043 160.45	392 329.51
浙江	5 660 411.00	4 777 734.00	246 175.00	294 714.00	341 788.00
安徽	1 962 255.14	1 464 774.17	117 058.96	348 927.11	31 494.90
福建	5 553 265.35	4 980 139.58	228 583.72	78 552.50	265 989.55
江西	2 243 896.30	1 866 507.40	96 337.63	255 613.99	25 437.28
山东	11 701 142.00	7 028 999.00	1 513 586.00	2 498 900.00	659 657.00
河南	710 947.00	564 018.00	62 337.00	82 721.00	1 871.00
湖北	8 423 238.00	6 749 839.00	382 750.00	1 265 057.00	25 592.00
湖南	1 052 692.12	599 632.03	131 333.16	234 545.09	87 181.84
广东	16 739 027.42	15 407 394.41	194 816.30	1 058 027.00	78 789.71
广西	648 836.58	510 057.21	74 108.48	46 804.88	17 866.01
海南	228 062.06	171 844.29	17 112.79	13 063.10	26 041.88
重庆	466 378.00	276 264.00	34 982.00	145 932.00	9 200.00
四川	1 435 373.04	807 843.64	169 945.85	450 192.53	7 391.02
贵州	25 791.93	5 498.35	966.00	18 831.58	496.00
云南	499 917.28	354 384.00	21 810.41	118 837.75	4 885.12
西藏	720.00	720.00			
陕西	191 158.00	109 090.00	8 878.00	67 850.00	5 340.00
甘肃	2 993.71	105.03	71.44	2 814.98	2. 26
青海					
宁夏	128 160.18	99 091.44	11 767.11	16 732.25	569.38
新疆	29 707.31	12 734.44	3 260.20	13 397.67	315.00
中农发集团					

1-2　渔民家庭收支

全国渔民人均纯收入

单位:元

地　区	2018 年	2017 年	2018 年比 2017 年增减(±)	
			绝对量	幅度(%)
全国总计	**19 885.00**	**18 452.78**	**1 432.22**	**7.76**
北　京	19 299.44	18 729.56	569.88	3.04
天　津	25 823.05	25 378.11	444.94	1.75
河　北	16 790.71	15 151.18	1 639.53	10.82
山　西	8 747.45	8 490.40	257.05	3.03
内蒙古	12 776.73	12 586.40	190.33	1.51
辽　宁	18 957.55	18 337.26	620.29	3.38
吉　林	14 021.47	12 802.75	1 218.72	9.52
黑龙江	18 157.12	15 448.14	2 708.98	17.54
上　海	28 583.68	28 504.68	79.00	0.28
江　苏	26 954.67	24 752.57	2 202.10	8.90
浙　江	27 637.41	24 822.36	2 815.05	11.34
安　徽	16 919.73	16 887.20	32.53	0.19
福　建	21 417.11	19 583.63	1 833.48	9.36
江　西	14 794.83	13 789.18	1 005.65	7.29
山　东	22 427.12	20 769.87	1 657.25	7.98
河　南	14 999.88	13 732.51	1 267.37	9.23
湖　北	19 165.34	18 829.97	335.37	1.78
湖　南	16 411.11	16 113.28	297.83	1.85
广　东	20 287.12	16 962.79	3 324.33	19.60
广　西	21 969.43	21 953.80	15.63	0.07
海　南	15 950.95	15 262.61	688.34	4.51
重　庆	18 675.63	17 060.02	1 615.61	9.47
四　川	18 494.80	16 940.13	1 554.67	9.18
贵　州	11 511.37	14 015.02	-2 503.65	-17.86
云　南	16 394.52	15 223.40	1 171.12	7.69
西　藏				
陕　西	14 891.99	13 994.11	897.88	6.42
甘　肃	9 007.75	8 167.66	840.09	10.29
青　海	15 337.37	15 111.77	225.60	1.49
宁　夏	12 865.39	11 879.64	985.75	8.30
新　疆	18 609.24	16 913.40	1 695.84	10.03

各地区渔民家庭收支调查(一)

单位:元/人

地　　区	一、家庭总收入	(一)家庭经营收入	其中:经营渔业	(二)工资性收入	其中:渔业	(三)财产性净收入	其中 1. 红利收入
全国总计	**71 146.11**	**64 433.91**	**60 242.58**	**3 872.72**	**1 383.00**	**408.46**	**90.03**
北　京	67 968.19	61 812.06	59 955.48	3 117.72	631.22	972.92	2.25
天　津	194 989.27	185 067.08	182 498.43	6 609.95	2 941.29	1 712.64	
河　北	143 243.11	137 918.59	135 596.61	1 306.65	219.31	459.92	
山　西	88 740.29	87 781.46	85 925.63	211.11	54.19	75.09	
内蒙古	44 930.57	42 998.01	32 405.74	926.61	231.48	194.62	
辽　宁	79 085.54	70 782.48	64 559.20	3 669.64	1 334.80	539.58	85.89
吉　林	38 070.72	36 969.09	30 030.55	724.90	37.28	103.00	
黑龙江	93 315.57	91 261.77	79 107.32	781.05	204.31	403.83	2.39
上　海	139 203.37	124 055.38	122 839.61	8 154.77	1 114.34	1 048.39	
江　苏	112 457.98	100 226.60	96 980.47	5 520.89	1 351.53	1 359.95	132.77
浙　江	78 785.97	64 932.30	61 338.69	10 448.37	4 769.08	354.21	242.73
安　徽	53 797.87	48 236.73	44 492.41	4 310.16	1 284.35	306.50	86.19
福　建	76 344.69	68 552.59	64 171.04	4 547.38	2 312.46	372.72	262.39
江　西	46 334.80	42 360.12	39 258.62	1 938.67	525.41	344.15	90.67
山　东	96 192.88	87 620.98	83 779.29	2 816.57	1 249.67	578.21	76.64
河　南	45 795.40	41 148.08	38 745.87	3 439.52	679.01	342.49	1.99
湖　北	41 324.25	34 068.19	30 020.58	4 985.06	746.50	280.28	31.93
湖　南	39 691.01	33 452.35	27 668.52	4 184.37	1 580.22	530.86	264.40
广　东	53 372.64	45 876.95	43 758.92	5 183.37	2 174.23	190.82	172.39
广　西	77 493.61	68 578.92	64 899.76	5 838.08	2 590.28	282.08	
海　南	34 818.65	33 542.66	30 622.73	971.74	133.64	88.27	
重　庆	92 491.98	87 226.19	80 372.24	3 954.02	1 099.86	584.07	40.73
四　川	44 222.69	35 971.03	31 856.38	4 990.29	936.72	300.56	85.45
贵　州	20 393.05	17 440.53	15 038.69	2 483.61	1 978.54	10.01	
云　南	81 356.55	78 359.34	72 883.07	2 377.70	1 770.59	210.01	47.67
西　藏							
陕　西	124 869.57	122 608.70	122 608.70	2 021.74	2 021.74		
甘　肃	34 351.70	32 295.31	25 422.34	1 554.59	860.55	114.28	7.57
青　海	24 017.12	18 995.14	12 049.01	4 845.50	1 966.22	54.05	
宁　夏	101 135.56	98 662.59	97 638.24	1 934.69	880.25		
新　疆	280 545.59	279 508.55	277 209.35				

各地区渔民家庭收支调查(二)

单位:元/人

地　　区	一、家庭总收入(续)						二、家庭经营费用支出
	(三)财产性净收入(续)	(四)转移性收入	其　中		(五)生产补贴(惠农补贴)	其中:渔业补贴	
	其中(续)						
	2. 转让经营权租金收入		1. 社会救济或政策性生活补贴	2.其他转移性收入			
全国总计	**105.52**	**944.72**	**38.82**	**57.32**	**1 486.29**	**1 413.61**	**46 892.28**
北　　京	162.17	2 057.28	0.13		8.20	1.59	44 553.11
天　　津	1 106.97	1 584.68	152.81		14.93	14.93	148 817.52
河　　北	362.88	292.48	31.68	28.09	3 265.48	3 265.48	110 110.09
山　　西	49.71	613.18			59.45	59.45	76 927.84
内 蒙 古	186.05	430.88			380.45	107.42	27 694.29
辽　　宁	183.42	1 057.18	36.52	58.88	3 036.66	2 899.36	55 505.38
吉　　林	31.45	96.42	5.96		177.31	31.02	20 694.77
黑 龙 江	336.84	404.98		5.26	463.94	203.35	69 839.77
上　　海	17.56	1 978.93	46.67		3 965.91	3 820.43	97 462.81
江　　苏	195.56	1 914.98	121.25	50.76	3 435.56	3 276.17	73 530.37
浙　　江	8.65	1 125.49	96.13	97.86	1 925.60	1 914.14	42 288.48
安　　徽	97.22	627.81	46.03	45.44	316.67	233.17	31 231.49
福　　建	23.10	767.03	36.54	34.74	2 104.97	2 097.98	49 342.55
江　　西	82.28	1 330.89	40.12	81.56	360.97	256.68	29 214.68
山　　东	66.11	1 108.76	59.54	176.79	4 068.36	4 009.82	64 013.14
河　　南	55.65	799.28	59.14	89.02	66.04	14.02	28 582.45
湖　　北	92.13	1 789.35	29.69	81.26	201.38	54.98	20 266.37
湖　　南	118.44	1 390.45	31.62	75.73	132.98	95.63	21 167.57
广　　东	10.69	372.71	7.85	22.83	1 748.79	1 724.27	30 624.59
广　　西	153.07	1 023.73	36.50	59.21	1 770.80	1 751.82	48 948.11
海　　南		191.81	18.28	68.90	24.17	16.75	17 975.13
重　　庆	7.07	421.83	1.75	17.92	305.87	240.16	62 009.75
四　　川	55.71	2 592.86	57.42	102.12	367.95	309.43	23 004.67
贵　　州		100.07			358.83	358.83	8 336.10
云　　南	75.13	309.32	5.89	18.48	100.19	74.11	59 568.47
西　　藏							
陕　　西		239.13	65.22				97 291.32
甘　　肃		359.82	27.70	3.53	27.70		19 552.43
青　　海	54.05	122.43	24.77				6 819.37
宁　　夏		538.27					85 310.08
新　　疆		220.03	18.22		817.00	817.00	249 611.53

各地区渔民家庭收支调查(三)

单位:元/人

地　　区	二、家庭经营费用支出(续)					三、生产性固定资产折旧	
	其中:经营渔业支出	(1)燃料及冰费用	(2)雇工费用	(3)饲料及苗种费用	(4)其他费用		其中:渔业固定资产折旧
全国总计	**45 379.87**	**9 122.98**	**9 254.27**	**24 751.14**	**2 251.48**	**2 973.25**	**2 664.66**
北　京	44 364.43	5 915.81	6 408.60	31 669.86	370.16	1 846.91	1 357.99
天　津	147 165.11	8 195.04	7 923.28	128 999.79	2 047.00	1 660.50	1 627.33
河　北	108 859.70	15 018.41	40 516.72	46 015.85	7 308.72	6 146.64	6 097.96
山　西	76 443.84	4 645.42	7 947.76	57 041.70	6 808.97	1 801.32	1 789.14
内 蒙 古	23 259.27	2 225.50	2 669.07	17 491.62	873.07	4 405.01	1 861.36
辽　宁	53 232.86	13 298.84	13 289.20	24 526.13	2 118.68	2 751.53	2 523.35
吉　林	18 763.03	2 421.85	2 895.90	11 967.51	1 477.77	1 574.69	1 076.84
黑 龙 江	64 578.37	7 902.38	5 035.26	50 742.92	897.81	2 239.39	1 355.72
上　海	96 830.19	9 072.65	14 031.59	67 196.06	6 529.89	2 208.62	1 964.86
江　苏	72 340.91	14 129.29	16 692.08	37 810.09	3 709.46	5 777.99	5 640.99
浙　江	41 619.60	14 762.14	11 813.83	12 078.75	2 964.87	5 720.47	4 790.25
安　徽	29 719.95	1 982.16	4 018.89	22 414.02	1 304.88	1 055.88	898.34
福　建	48 223.52	12 535.70	9 406.82	23 566.75	2 714.25	4 853.91	4 799.73
江　西	27 808.73	1 809.89	2 030.75	22 245.55	1 722.54	420.99	348.74
山　东	62 575.18	19 590.13	26 356.16	12 991.39	3 637.49	8 313.09	7 504.19
河　南	28 006.80	1 897.14	1 111.20	24 382.07	616.39	914.34	613.36
湖　北	19 049.74	1 052.08	1 150.08	15 812.90	1 034.68	742.35	506.94
湖　南	19 291.02	2 192.41	2 021.21	14 044.44	1 032.96	1 100.89	819.73
广　东	29 424.59	14 787.08	8 197.90	5 497.12	942.49	2 286.59	2 220.64
广　西	48 058.37	26 876.41	4 379.13	15 828.56	974.27	5 054.90	4 965.44
海　南	16 576.74	2 733.44	1 378.65	11 982.61	482.04	878.99	864.97
重　庆	57 955.87	4 279.22	4 505.06	46 620.31	2 551.28	3 834.57	3 358.83
四　川	21 687.00	1 331.03	1 371.61	18 024.80	959.55	950.82	791.43
贵　州	7 888.20	1 143.02	984.71	5 325.75	434.71	415.40	348.04
云　南	56 366.10	2 223.99	3 361.67	48 995.20	1 785.24	861.72	719.92
西　藏							
陕　西	97 291.31	8 260.87	7 808.70	77 186.96	4 034.78	3 826.26	3 826.26
甘　肃	18 866.93	3 025.32	1 274.93	13 889.11	677.56	5 749.40	4 255.29
青　海	6 779.73	394.59	1 218.92	5 166.22		1 796.41	1 158.86
宁　夏	85 070.20	2 488.04	4 405.96	59 362.07	18 814.14	2 960.09	1 499.51
新　疆	248 856.27	13 214.33	18 583.89	208 296.97	8 761.08	6 026.88	5 856.84

各地区渔民家庭收支调查(四)

单位:元/人

地　　区	四、税费支出	其中:渔业税费支出	五、转移性支出	六、纯收入	其中:渔业纯收入	七、可支配收入	八、生活消费支出
全国总计	**2 505.63**	**2 416.76**	**1 201.75**	**19 885.00**	**13 194.69**	**18 809.45**	**9 264.52**
北　京	2 268.73	2 136.03	1 025.79	19 299.44	12 729.83	18 322.11	9 699.37
天　津	18 688.21	18 688.21	1 625.75	25 823.05	17 974.00	24 197.30	13 710.92
河　北	10 195.67	10 187.00	1 234.80	16 790.71	13 936.72	15 565.55	11 538.19
山　西	1 263.69	1 259.01	1 088.48	8 747.45	6 547.29	7 658.97	7 845.98
内蒙古	54.54	5.85	1 089.65	12 776.73	7 618.16	11 687.08	11 500.14
辽　宁	1 871.07	1 424.49	1 856.22	18 957.55	11 612.68	17 101.33	9 771.60
吉　林	1 779.79	1 776.44	360.70	14 021.47	8 482.53	13 672.49	7 593.24
黑龙江	3 079.29	3 042.54	540.35	18 157.12	10 538.35	17 821.42	8 178.08
上　海	10 948.25	10 948.25	931.03	28 583.68	18 031.07	27 652.66	12 227.99
江　苏	6 194.96	6 077.39	2 160.22	26 954.67	17 548.88	25 455.84	11 404.41
浙　江	3 139.61	3 111.83	2 240.56	27 637.41	18 500.23	26 120.63	14 279.49
安　徽	4 590.77	4 569.18	1 069.97	16 919.73	10 822.46	15 857.14	8 609.66
福　建	731.12	724.50	765.75	21 417.11	14 833.72	20 651.36	10 223.42
江　西	1 904.29	1 825.89	851.32	14 794.83	10 057.35	13 958.65	7 184.68
山　东	1 439.53	1 411.35	1 669.62	22 427.12	17 548.07	21 036.52	10 296.55
河　南	1 298.74	1 291.75	686.64	14 999.88	9 526.99	14 313.24	7 307.54
湖　北	1 150.20	1 073.44	1 339.69	19 165.34	10 191.94	17 825.65	8 096.98
湖　南	1 011.44	885.13	1 010.90	16 411.11	8 348.48	15 408.69	9 237.47
广　东	174.35	169.03	884.61	20 287.12	15 843.16	19 402.51	8 570.89
广　西	1 521.18	1 517.29	1 180.51	21 969.43	14 700.76	21 325.08	10 579.05
海　南	13.57		271.58	15 950.95	13 331.42	15 679.37	8 526.90
重　庆	7 972.03	7 775.92	1 441.17	18 675.63	12 621.64	17 234.46	6 963.54
四　川	1 772.39	1 743.67	1 091.74	18 494.80	8 880.43	17 403.06	8 761.04
贵　州	130.18	130.18	124.55	11 511.37	9 009.65	11 438.34	3 070.65
云　南	4 531.85	4 474.32	1 349.25	16 394.52	13 167.43	15 084.25	9 118.91
西　藏							
陕　西	8 860.00	8 860.00		14 891.99	14 652.87	15 857.20	4 530.43
甘　肃	42.12	42.12	1 177.70	9 007.75	3 118.56	7 830.04	6 352.32
青　海	63.96		1.08	15 337.37	6 076.64	15 909.61	1 322.61
宁　夏			1 055.06	12 865.39	11 948.77	11 810.33	12 575.64
新　疆	6 297.94	6 297.94	2 531.82	18 609.24	17 015.31	16 077.42	15 930.45

第二部分

生　　产

2-1 水产品总产量

全国水产品总产量

单位:吨

指 标	2018 年	2017 年	2018 年比 2017 年增减(±)	
			绝对量	幅度(%)
全国总计	**64 576 558**	**64 453 279**	**123 279**	**0.19**
海水产品	33 014 303	33 217 376	-203 073	-0.61
淡水产品	31 562 255	31 235 903	326 352	1.04
养殖产量	49 910 590	49 059 903	850 687	1.73
海水养殖	20 312 206	20 006 973	305 233	1.53
淡水养殖	29 598 384	29 052 930	545 454	1.88
捕捞产量	14 665 968	15 393 376	-727 408	-4.73
海洋捕捞	10 444 647	11 124 203	-679 556	-6.11
远洋渔业	2 257 450	2 086 200	171 250	8.21
淡水捕捞	1 963 871	2 182 973	-219 102	-10.04
养殖产品中:鱼类	26 937 843	26 829 152	108 691	0.41
甲壳类	5 141 053	4 549 725	591 328	13.00
贝类	14 635 099	14 586 132	48 967	0.34
藻类	2 350 810	2 235 012	115 798	5.18
其他类	845 785	859 882	-14 097	-1.64
捕捞产品中:鱼类	8 633 096	9 267 921	-634 825	-6.85
甲壳类	2 238 009	2 365 290	-127 281	-5.38
贝类	642 451	694 737	-52 286	-7.53
藻类	18 349	20 349	-2 000	-9.83
头足类	569 944	616 558	-46 614	-7.56
其他类	306 669	342 321	-35 652	-10.41

各地区水产品产量(一)

单位:吨

地　　区	2018 年							
	总产量	1. 养殖产品小计	a.海水养殖	b.淡水养殖	2.捕捞产品小计	a.海洋捕捞	b.远洋渔业	c.淡水捕捞
全国总计	**64 576 558**	**49 910 590**	**20 312 206**	**29 598 384**	**14 665 968**	**10 444 647**	**2 257 450**	**1 963 871**
北　　京	30 028	25 962		25 962	4 066		1 706	2 360
天　　津	326 445	279 880	7 652	272 228	46 565	27 002	14 041	5 522
河　　北	1 096 152	776 187	489 836	286 351	319 965	212 348	65 481	42 136
山　　西	47 773	45 451		45 451	2 322			2 322
内 蒙 古	139 499	118 179		118 179	21 320			21 320
辽　　宁	4 508 240	3 662 362	2 863 634	798 728	845 878	524 394	282 105	39 379
吉　　林	234 090	214 790		214 790	19 300			19 300
黑 龙 江	624 320	577 220		577 220	47 100			47 100
上　　海	262 509	94 293		94 293	168 216	13 739	152 893	1 584
江　　苏	4 948 443	4 171 270	918 327	3 252 943	777 173	475 170	14 809	287 194
浙　　江	5 896 129	2 342 009	1 208 973	1 133 036	3 554 120	2 873 946	549 546	130 628
安　　徽	2 249 625	1 990 499		1 990 499	259 126			259 126
福　　建	7 838 917	5 589 177	4 788 297	800 880	2 249 740	1 701 208	478 656	69 876
江　　西	2 559 450	2 335 443		2 335 443	224 007			224 007
山　　东	8 614 032	6 381 381	5 210 855	1 170 526	2 232 651	1 702 291	447 539	82 821
河　　南	983 817	875 496		875 496	108 321			108 321
湖　　北	4 584 045	4 402 981		4 402 981	181 064			181 064
湖　　南	2 469 383	2 379 514		2 379 514	89 869			89 869
广　　东	8 424 441	6 984 715	3 167 259	3 817 456	1 439 726	1 271 603	52 828	115 295
广　　西	3 319 989	2 645 880	1 363 182	1 282 698	674 109	559 066	21 913	93 130
海　　南	1 758 188	661 052	294 191	366 861	1 097 136	1 083 880		13 256
重　　庆	529 581	510 746		510 746	18 835			18 835
四　　川	1 534 754	1 489 358		1 489 358	45 396			45 396
贵　　州	237 320	226 382		226 382	10 938			10 938
云　　南	637 500	606 376		606 376	31 124			31 124
西　　藏	377	43		43	334			334
陕　　西	163 035	155 835		155 835	7 200			7 200
甘　　肃	14 136	14 136		14 136				
青　　海	17 116	17 116		17 116				
宁　　夏	176 949	176 555		176 555	394			394
新　　疆	174 342	160 302		160 302	14 040			14 040
中农发集团	175 933				175 933		175 933	

各地区水产品产量(二)

单位:吨

地区	2017年							
	总产量	1. 养殖产品小计	a.海水养殖	b.淡水养殖	2.捕捞产品小计	a.海洋捕捞	b.远洋渔业	c.淡水捕捞
全国总计	**64 453 279**	**49 059 903**	**20 006 973**	**29 052 930**	**15 393 376**	**11 124 203**	**2 086 200**	**2 182 973**
北　京	45 098	33 082		33 082	12 016		9 000	3 016
天　津	323 321	278 370	9 172	269 198	44 951	27 517	11 900	5 534
河　北	1 164 600	833 333	529 158	304 175	331 267	234 049	48 200	49 018
山　西	53 047	50 905		50 905	2 142			2 142
内蒙古	156 181	127 827		127 827	28 354			28 354
辽　宁	4 794 374	3 911 374	3 081 374	830 000	883 000	552 000	285 400	45 600
吉　林	220 350	201 046		201 046	19 304			19 304
黑龙江	587 302	535 662		535 662	51 640			51 640
上　海	268 882	122 750		122 750	146 132	14 801	129 900	1 431
江　苏	5 075 922	4 211 765	930 759	3 281 006	864 157	530 322	26 200	307 635
浙　江	5 944 516	2 269 829	1 162 558	1 107 271	3 674 687	3 093 263	467 900	113 524
安　徽	2 179 632	1 901 124		1 901 124	278 508			278 508
福　建	7 445 737	5 205 404	4 453 172	752 232	2 240 333	1 743 208	428 200	68 925
江　西	2 505 549	2 279 506		2 279 506	226 043			226 043
山　东	8 680 030	6 415 409	5 190 836	1 224 573	2 264 621	1 749 591	431 300	83 730
河　南	946 730	835 250		835 250	111 480			111 480
湖　北	4 654 222	4 361 261		4 361 261	292 961			292 961
湖　南	2 415 312	2 320 384		2 320 384	94 928			94 928
广　东	8 335 387	6 725 954	3 029 070	3 696 884	1 609 433	1 441 363	47 700	120 370
广　西	3 207 683	2 483 420	1 299 352	1 184 068	724 263	610 758	8 900	104 605
海　南	1 807 899	667 273	321 522	345 751	1 140 626	1 127 331		13 295
重　庆	515 130	496 187		496 187	18 943			18 943
四　川	1 507 396	1 453 613		1 453 613	53 783			53 783
贵　州	254 782	243 262		243 262	11 520			11 520
云　南	631 182	575 233		575 233	55 949			55 949
西　藏	454	71		71	383			383
陕　西	163 030	155 830		155 830	7 200			7 200
甘　肃	15 441	15 441		15 441				
青　海	16 073	16 073		16 073				
宁　夏	180 889	180 460		180 460	429			429
新　疆	165 528	152 805		152 805	12 723			12 723
中农发集团	191 600				191 600		191 600	

各地区水产品产量(三)

单位:吨

地区	2018年比2017年增减(±)							
	总产量	1. 养殖产品小计	a.海水养殖	b.淡水养殖	2.捕捞产品小计	a.海洋捕捞	b.远洋渔业	c.淡水捕捞
全国总计	**123 279**	**850 687**	**305 233**	**545 454**	**-727 408**	**-679 556**	**171 250**	**-219 102**
北京	-15 070	-7 120		-7 120	-7 950		-7 294	-656
天津	3 124	1 510	-1 520	3 030	1 614	-515	2 141	-12
河北	-68 448	-57 146	-39 322	-17 824	-11 302	-21 701	17 281	-6 882
山西	-5 274	-5 454		-5 454	180			180
内蒙古	-16 682	-9 648		-9 648	-7 034			-7 034
辽宁	-286 134	-249 012	-217 740	-31 272	-37 122	-27 606	-3 295	-6 221
吉林	13 740	13 744		13 744	-4			-4
黑龙江	37 018	41 558		41 558	-4 540			-4 540
上海	-6 373	-28 457		-28 457	22 084	-1 062	22 993	153
江苏	-127 479	-40 495	-12 432	-28 063	-86 984	-55 152	-11 391	-20 441
浙江	-48 387	72 180	46 415	25 765	-120 567	-219 317	81 646	17 104
安徽	69 993	89 375		89 375	-19 382			-19 382
福建	393 180	383 773	335 125	48 648	9 407	-42 000	50 456	951
江西	53 901	55 937		55 937	-2 036			-2 036
山东	-65 998	-34 028	20 019	-54 047	-31 970	-47 300	16 239	-909
河南	37 087	40 246		40 246	-3 159			-3 159
湖北	-70 177	41 720		41 720	-111 897			-111 897
湖南	54 071	59 130		59 130	-5 059			-5 059
广东	89 054	258 761	138 189	120 572	-169 707	-169 760	5 128	-5 075
广西	112 306	162 460	63 830	98 630	-50 154	-51 692	13 013	-11 475
海南	-49 711	-6 221	-27 331	21 110	-43 490	-43 451		-39
重庆	14 451	14 559		14 559	-108			-108
四川	27 358	35 745		35 745	-8 387			-8 387
贵州	-17 462	-16 880		-16 880	-582			-582
云南	6 318	31 143		31 143	-24 825			-24 825
西藏	-77	-28		-28	-49			-49
陕西	5	5		5				
甘肃	-1 305	-1 305		-1 305				
青海	1 043	1 043		1 043				
宁夏	-3 940	-3 905		-3 905	-35			-35
新疆	8 814	7 497		7 497	1 317			1 317
中农发集团	-15 667				-15 667		-15 667	

2-2 水产养殖

全国水产养殖产量(按水域和养殖方式分)

单位:吨

指 标		2018年	2017年	2018年比2017年增减(±)	
				绝对量	幅度(%)
总 计		**49 910 590**	**49 059 903**	**850 687**	**1.73**
1. 海水养殖		20 312 206	20 006 973	305 233	1.53
按水域分	海上	11 630 385	11 425 072	205 313	1.80
	滩涂	6 228 030	6 196 565	31 465	0.51
	其他	2 453 791	2 385 336	68 455	2.87
养殖方式中	池塘	2 466 523	2 665 160	-198 637	-7.45
	普通网箱	594 562	567 333	27 229	4.80
	深水网箱	153 978	135 032	18 946	14.03
	筏式	6 126 152	5 970 989	155 163	2.60
	吊笼	1 278 542	1 191 006	87 536	7.35
	底播	5 311 699	5 365 280	-53 581	-1.00
	工厂化	255 366	240 154	15 212	6.33
2. 淡水养殖		29 598 384	29 052 930	545 454	1.88
按水域分	池塘	22 109 687	21 222 191	887 496	4.18
	湖泊	977 984	1 332 501	-354 517	-26.61
	水库	2 949 226	3 216 712	-267 486	-8.32
	河沟	637 873	773 275	-135 402	-17.51
	其他	590 345	560 744	29 601	5.28
	稻田养成鱼	2 333 269	1 947 507	385 762	19.81
养殖方式中	围栏	84 030	290 820	-206 790	-71.11
	网箱	591 067	826 583	-235 516	-28.49
	工厂化	213 463	189 380	24 083	12.72

全国海水养殖产量(一)

单位:吨

指　　标	2018 年	2017 年	2018 年比 2017 年增减(±)	
			绝对量	幅度(%)
海水养殖	**20 312 206**	**20 006 973**	**305 233**	**1.53**
1. 鱼类	1 495 088	1 419 389	75 699	5.33
其中:鲈鱼	166 581	156 595	9 986	6.38
鲆鱼	107 967	106 237	1 730	1.63
大黄鱼	197 980	177 640	20 340	11.45
军曹鱼	38 831	43 657	-4 826	-11.05
鰤鱼	25 810	25 933	-123	-0.47
鲷鱼	88 375	81 107	7 268	8.96
美国红鱼	68 253	68 559	-306	-0.45
河鲀	23 054	24 403	-1 349	-5.53
石斑鱼	159 579	131 536	28 043	21.32
鲽鱼	13 915	13 655	260	1.90
2. 甲壳类	1 702 911	1 631 185	71 726	4.40
虾	1 409 114	1 345 154	63 960	4.75
其中:南美白对虾	1 117 534	1 080 791	36 743	3.40
斑节对虾	75 356	75 227	129	0.17
中国对虾	55 756	37 458	18 298	48.85
日本对虾	55 228	52 466	2 762	5.26
蟹	293 797	286 031	7 766	2.72
其中:梭子蟹	116 251	119 777	-3 526	-2.94
青蟹	157 712	151 976	5 736	3.77

全国海水养殖产量(二)

单位:吨

指　标	2018 年	2017 年	2018 年比 2017 年增减(±)	
			绝对量	幅度(%)
3. 贝类	14 439 302	14 371 304	67 998	0.47
其中:牡蛎	5 139 760	4 879 422	260 338	5.34
鲍	163 169	148 539	14 630	9.85
螺	239 024	254 736	-15 712	-6.17
蚶	372 303	352 619	19 684	5.58
贻贝	903 361	927 609	-24 248	-2.61
江珧	14 465	16 503	-2 038	-12.35
扇贝	1 917 850	2 007 529	-89 679	-4.47
蛤	4 080 776	4 177 913	-97 137	-2.33
蛏	852 925	862 541	-9 616	-1.11
4. 藻类	2 343 871	2 227 838	116 033	5.21
其中:海带	1 522 537	1 486 645	35 892	2.41
裙带菜	175 503	166 795	8 708	5.22
紫菜	201 779	173 305	28 474	16.43
江蓠	330 344	308 674	21 670	7.02
麒麟菜	1 820	5 629	-3 809	-67.67
石花菜				
羊栖菜	23 246	19 997	3 249	16.25
苔菜		340	-340	-100.00
5. 其他类	331 034	357 257	-26 223	-7.34
其中:海参	174 340	219 907	-45 567	-20.72
海胆(千克)	8 844 373	9 708 159	-863 786	-8.90
海水珍珠(千克)	2 779	2 272	507	22.32
海蜇	72 664	82 280	-9 616	-11.69

全国淡水养殖产量

单位:吨

指　　标	2018 年	2017 年	2018 年比 2017 年增减(±)	
			绝对量	幅度(%)
淡水养殖产量	**29 598 384**	**29 052 930**	**545 454**	**1.88**
1. 鱼类	25 442 755	25 409 763	32 992	0.13
2. 甲壳类	3 438 142	2 918 540	519 602	17.80
虾	2 681 265	2 167 595	513 670	23.70
其中:罗氏沼虾	133 266	137 360	-4 094	-2.98
青虾	234 358	240 739	-6 381	-2.65
克氏原螯虾	1 638 662	1 129 708	508 954	45.05
南美白对虾	642 807	591 496	51 311	8.67
蟹(河蟹)	756 877	750 945	5 932	0.79
3. 贝类	195 797	214 828	-19 031	-8.86
其中:河蚌	58 866	69 436	-10 570	-15.22
螺	95 691	98 894	-3 203	-3.24
蚬	18 006	21 746	-3 740	-17.20
4. 藻类(螺旋藻)	6 939	7 174	-235	-3.28
5. 其他类	514 751	502 625	12 126	2.41
其中:龟	47 676	45 798	1 878	4.10
鳖	319 081	322 102	-3 021	-0.94
蛙	102 255	91 653	10 602	11.57
珍珠(千克)	702 563	939 182	-236 619	-25.19
6. 观赏鱼(万尾)	535 216	415 960	119 257	28.67

全国淡水养殖主要鱼类产量

单位:吨

指 标	2018 年	2017 年	2018 年比 2017 年增减(±)	
			绝对量	幅度(%)
青鱼	691 296	684 502	6 794	0.99
草鱼	5 504 301	5 345 641	158 660	2.97
鲢鱼	3 858 864	3 852 813	6 051	0.16
鳙鱼	3 096 426	3 097 952	-1 526	-0.05
鲤鱼	2 962 218	3 004 345	-42 127	-1.40
鲫鱼	2 771 565	2 817 989	-46 424	-1.65
鳊鱼	783 534	833 393	-49 859	-5.98
泥鳅	358 418	394 691	-36 273	-9.19
鲇鱼	365 590	382 306	-16 716	-4.37
鮰鱼	230 442	227 454	2 988	1.31
黄颡鱼	509 610	480 032	29 578	6.16
鲑鱼	2 446	3 089	-643	-20.82
鳟鱼	38 606	41 460	-2 854	-6.88
河鲀	12 710	6 283	6 427	102.29
短盖巨脂鲤	64 249	82 119	-17 870	-21.76
长吻鮠	21 610	21 331	279	1.31
黄鳝	319 000	358 295	-39 295	-10.97
鳜鱼	315 906	335 583	-19 677	-5.86
池沼公鱼	14 249	12 067	2 182	18.08
银鱼	16 249	20 699	-4 450	-21.50
鲈鱼	432 058	456 888	-24 830	-5.43
乌鳢	459 277	483 141	-23 864	-4.94
罗非鱼	1 624 547	1 584 680	39 867	2.52
鲟鱼	96 914	83 058	13 856	16.68
鳗鲡	233 222	217 263	15 959	7.35

各地区海水养殖产量(按品种分)(一)

单位:吨

地区	海水养殖产量	1. 鱼类	其中					
			鲈鱼	鲆鱼	大黄鱼	军曹鱼	鲕鱼	鲷鱼
全国总计	**20 312 206**	**1 495 088**	**166 581**	**107 967**	**197 980**	**38 831**	**25 810**	**88 375**
天　津	7 652	1 426		131				
河　北	489 836	11 648		3 913				
辽　宁	2 863 634	71 841	7 227	50 660				5
上　海								
江　苏	918 327	83 925	1 479	5 960				56
浙　江	1 208 973	44 692	7 676	87	18 651	30		3 023
福　建	4 788 297	391 007	33 902	4 752	165 378	192	3 955	37 461
山　东	5 210 855	111 454	18 444	39 441				180
广　东	3 167 259	594 793	86 614	3 023	13 951	27 531	21 855	41 387
广　西	1 363 182	59 748	9 932			50		4 187
海　南	294 191	124 554	1 307			11 028		2 076

各地区海水养殖产量(按品种分)(二)

单位:吨

地区	1. 鱼类(续)				2. 甲壳类	(1)虾	其中	
	其中(续)							
	美国红鱼	河鲀	石斑鱼	鲽鱼			南美白对虾	斑节对虾
全国总计	**68 253**	**23 054**	**159 579**	**13 915**	**1 702 911**	**1 409 114**	**1 117 534**	**75 356**
天　津			198		6 226	6 226	5 966	
河　北		1 988	466	1 373	31 080	29 531	20 566	46
辽　宁		2 922			40 963	34 678	10 512	
上　海								
江　苏		185		1 982	115 289	80 492	20 372	8 766
浙　江	5 832		482	38	112 290	62 717	39 572	1 353
福　建	15 524	9 572	31 532	1 092	202 077	128 610	104 867	6 019
山　东	4 012	3 750	344	4 846	167 039	147 360	102 953	370
广　东	33 547	4 637	71 047	4 584	582 121	507 543	411 498	53 418
广　西	5 944		3 143		316 049	296 528	295 140	886
海　南	3 394		52 367		129 777	115 429	106 088	4 498

各地区海水养殖产量(按品种分)(三)

单位:吨

地 区	2. 甲壳类(续)					3.贝类
	(1)虾(续)		(2)蟹	其 中		
	其中(续)					
	中国对虾	日本对虾		梭子蟹	青蟹	
全国总计	**55 756**	**55 228**	**293 797**	**116 251**	**157 712**	**14 439 302**
天 津						
河 北	4 864	4 055	1 549	1 547		433 107
辽 宁	12 173	10 775	6 285	6 237		2 294 524
上 海						
江 苏	6 324	703	34 797	30 941	2 047	667 450
浙 江	883	2 034	49 573	23 553	25 358	959 930
福 建	5 209	9 211	73 467	30 749	36 320	3 028 196
山 东	7 130	21 937	19 679	13 986		4 148 921
广 东	19 173	6 463	74 578	9 199	60 691	1 898 078
广 西		50	19 521		19 521	982 804
海 南			14 348	39	13 775	26 292

各地区海水养殖产量(按品种分)(四)

单位:吨

地 区	3. 贝类(续)								
	其 中(续)								
	牡蛎	鲍	螺	蚶	贻贝	江珧	扇贝	蛤	蛏
全国总计	**5 139 760**	**163 169**	**239 024**	**372 303**	**903 361**	**14 465**	**1 917 850**	**4 080 776**	**852 925**
天 津									
河 北			3 634	8 356			378 039	40 967	143
辽 宁	268 019	2 157		60 614	47 718		431 176	1 263 974	38 241
上 海									
江 苏	39 883		67 031	31 770	44 657			368 347	58 076
浙 江	223 039	803	15 192	140 549	177 246		615	94 140	300 287
福 建	1 894 204	134 924	6 438	61 428	104 331		8 828	433 699	279 485
山 东	933 180	13 195	10 565	2 315	439 135		982 637	1 356 225	163 607
广 东	1 141 457	12 000	82 533	58 613	78 018	14 465	113 511	262 138	11 404
广 西	636 055		47 499	4 092	12 256		2 819	254 817	1 682
海 南	3 923	90	6 132	4 566			225	6 469	

各地区海水养殖产量(按品种分)(五)

单位:吨

地　区	4. 藻类	其中					
		海带	裙带菜	紫菜	江蓠	麒麟菜	石花菜
全国总计	**2 343 871**	**1 522 537**	**175 503**	**201 779**	**330 344**	**1 820**	
天　津							
河　北	1 003	1 000					
辽　宁	341 622	225 897	115 725				
上　海							
江　苏	42 527	240		42 187			
浙　江	88 090	16 376		54 016			
福　建	1 118 653	768 304		74 628	220 791		
山　东	665 310	506 838	58 653	15 603	50 131		
广　东	73 191	3 882	1 125	15 345	49 738	1 009	
广　西							
海　南	13 475				9 684	811	

各地区海水养殖产量(按品种分)(六)

单位:吨

地　区	4. 藻类(续)		5. 其他	其中			
	其中(续)						
	羊栖菜	苔菜		海参	海胆(千克)	海水珍珠(千克)	海蜇
全国总计	**23 246**		**331 034**	**174 340**	**8 844 373**	**2 779**	**72 664**
天　津							
河　北			12 998	4 764			4 091
辽　宁			114 684	47 096	1 510 456		59 167
上　海							
江　苏			9 136	137			5 289
浙　江	16 584		3 971	147			774
福　建	6 633		48 364	29 829			2 610
山　东			118 131	92 228	5 498 000		447
广　东	29		19 076	115	1 835 917	1 996	286
广　西			4 581			783	
海　南			93	24			

各地区海水养殖产量(按水域和养殖方式分)(一)

单位:吨

地 区	海水养殖产量	按养殖水域分			养殖方式中
		1. 海上	2. 滩涂	3.其他	1. 池塘
全国总计	**20 312 206**	**11 630 385**	**6 228 030**	**2 453 791**	**2 466 523**
天 津	7 652			7 652	6 195
河 北	489 836	394 069	43 736	52 031	34 528
辽 宁	2 863 634	1 910 282	765 262	188 090	183 861
上 海					
江 苏	918 327	226 113	498 557	193 657	285 458
浙 江	1 208 973	474 565	395 136	339 272	339 668
福 建	4 788 297	3 197 354	1 196 967	393 976	250 356
山 东	5 210 855	3 591 020	1 382 489	237 346	244 013
广 东	3 167 259	1 189 355	1 267 551	710 353	690 192
广 西	1 363 182	558 502	536 595	268 085	235 042
海 南	294 191	89 125	141 737	63 329	197 210

各地区海水养殖产量(按水域和养殖方式分)(二)

单位:吨

地 区	养殖方式中(续)					
	2. 普通网箱	3. 深水网箱	4. 筏式	5. 吊笼	6. 底播	7. 工厂化
全国总计	**594 562**	**153 978**	**6 126 152**	**1 278 542**	**5 311 699**	**255 366**
天 津						1 457
河 北			360 438		31 401	13 450
辽 宁	3 185	1 590	978 452	59 036	1 314 931	44 097
上 海						
江 苏			110 590	1 198	466 629	14 840
浙 江	22 053	15 222	436 963	3 850	259 310	7 481
福 建	301 193	12 759	1 528 509	125 274	479 092	36 550
山 东	68 931	24 810	1 942 472	992 365	1 817 560	123 484
广 东	113 328	34 415	429 881	93 681	695 241	8 926
广 西	61 941	13 878	338 847	2 903	241 561	51
海 南	23 931	51 304		235	5 974	5 030

各地区淡水养殖产量(按品种分)(一)

单位:吨

地区	淡水养殖产量	1. 鱼类	其中				
			青鱼	草鱼	鲢鱼	鳙鱼	鲤鱼
全国总计	**29 598 384**	**25 442 755**	**691 296**	**5 504 301**	**3 858 864**	**3 096 426**	**2 962 218**
北京	25 962	25 962	321	7 155	2 111	1 726	8 811
天津	272 228	233 095		48 981	29 252	11 362	87 078
河北	286 351	255 782	96	36 100	38 834	15 780	111 113
山西	45 451	45 074	308	16 219	7 041	3 898	11 814
内蒙古	118 179	115 368		16 015	21 091	15 176	43 670
辽宁	798 728	732 087	453	99 960	94 757	53 089	315 241
吉林	214 790	211 425	1 837	21 114	53 711	40 363	51 111
黑龙江	577 220	569 687		58 606	119 912	51 391	192 319
上海	94 293	62 034	3 718	24 371	8 445	5 136	463
江苏	3 252 943	2 353 479	89 796	405 208	437 711	229 346	136 488
浙江	1 133 036	863 893	58 149	94 454	140 233	102 159	34 109
安徽	1 990 499	1 528 063	78 783	265 181	279 137	273 075	103 753
福建	800 880	672 210	12 231	160 727	70 591	59 264	53 814
江西	2 335 443	2 067 367	57 390	527 487	266 568	378 556	145 478
山东	1 170 526	1 055 412	8 002	220 227	193 173	117 783	262 121
河南	875 496	829 720	8 434	146 706	189 037	137 125	230 383
湖北	4 402 981	3 349 133	208 195	874 422	542 443	428 039	131 186
湖南	2 379 514	2 062 924	83 669	602 294	353 848	302 384	174 134
广东	3 817 456	3 497 894	51 989	892 370	210 099	354 038	124 290
广西	1 282 698	1 249 253	13 737	299 481	212 888	165 580	143 533
海南	366 861	361 538	1 247	4 258	5 035	8 237	2 858
重庆	510 746	500 104	2 150	113 435	103 818	49 213	41 968
四川	1 489 358	1 461 816	2 053	265 121	311 047	172 252	186 931
贵州	226 382	224 172	1 987	50 995	23 817	32 280	69 859
云南	606 376	602 525	5 660	99 873	65 380	51 453	144 326
西藏	43	43					
陕西	155 835	149 600	232	38 050	34 341	18 800	41 721
甘肃	14 136	14 039	859	4 372	1 176	285	3 829
青海	17 116	16 913		62	32		419
宁夏	176 555	175 481		55 770	18 673	10 046	69 118
新疆	160 302	156 662		55 287	24 663	8 590	40 280

各地区淡水养殖产量(按品种分)(二)

单位:吨

地 区	1. 鱼类(续)						
	其中(续)						
	鲫鱼	鳊鲂	泥鳅	鲇鱼	鲴鱼	黄颡鱼	鲑鱼
全国总计	**2 771 565**	**783 534**	**358 418**	**365 590**	**230 442**	**509 610**	**2 446**
北 京	1 184	970	56	184	156	14	
天 津	40 075	2 483	2 053	701	1 720	1 270	
河 北	24 189	662	3 269	303	158	1 518	1
山 西	1 238	59	7	6	920		7
内 蒙 古	13 824	602	832	1 647	1	93	
辽 宁	64 906	1 009	4 229	42 695	151	1 615	425
吉 林	26 885	1 748	2 402	3 137	1	2 012	179
黑 龙 江	104 823	443	8 171	8 497	27	4 309	
上 海	10 509	1 816	101		1 499	1 502	
江 苏	634 902	165 752	45 815	5 880	1 004	25 131	49
浙 江	101 703	32 579	24 125	1 179	1 669	104 452	80
安 徽	189 082	92 217	41 750	16 900	9 327	34 116	12
福 建	33 751	4 364	3 399	8 013	2 164	4 524	
江 西	214 314	68 278	78 415	32 075	9 363	50 510	40
山 东	112 855	13 637	7 514	20 993	480	2 720	
河 南	57 250	11 960	7 426	9 200	20 150	2 056	
湖 北	363 161	232 900	37 576	17 567	27 530	139 573	
湖 南	200 932	88 503	16 958	25 984	29 863	28 729	
广 东	158 235	18 089	17 473	33 329	21 394	54 065	82
广 西	33 285	1 652	2 727	28 721	14 497	6 199	
海 南	612	445	93	736			
重 庆	110 408	5 749	16 533	8 889	8 306	9 337	78
四 川	193 664	34 237	32 711	82 152	65 334	32 368	607
贵 州	8 670	1 125	2 221	4 239	5 448	1 477	111
云 南	39 003	347	1 121	9 229	3 519	1 223	267
西 藏	3						30
陕 西	5 234	458	500	868	656	661	30
甘 肃	760	66	6	19	12		273
青 海	53						160
宁 夏	13 246	197	866	2 355	3 898	23	
新 疆	12 809	1 187	69	92	1 195	113	15

各地区淡水养殖产量(按品种分)(三)

单位:吨

地　　区	1. 鱼类(续)						
	其中(续)						
	鳟鱼	河鲀	短盖巨脂鲤	长吻鮠	黄鳝	鳜鱼	池沼公鱼
全国总计	**38 606**	**12 710**	**64 249**	**21 610**	**319 000**	**315 906**	**14 249**
北　京	854		10				
天　津							
河　北	1 494		9		8	36	2 512
山　西	962						
内蒙古						16	790
辽　宁	3 958					262	1 033
吉　林	329					321	3 917
黑龙江	345					1 660	16
上　海					58	25	
江　苏		3 309	1 385	22	4 922	29 516	
浙　江	57	2	83	35	611	11 086	4
安　徽	1	16	3 005	73	37 774	38 692	
福　建	37	244	2 838	124	739	1 767	
江　西	244		6 584	628	77 364	35 851	
山　东	165		1 610		1 615	2 499	
河　南	188		121	43	3 113	389	2
湖　北				1 044	146 996	76 769	
湖　南	607		6	125	28 690	20 355	
广　东	209	9 139	31 517	4 906	2 636	92 363	3
广　西	294		15 700	926	1 048	309	
海　南			901	165	67		
重　庆	1 519		57	2 106	736	666	2 623
四　川	1 895		10	10 308	11 558	2 121	
贵　州	238		257	485	316	76	
云　南	4 371		135	620	373	329	4
西　藏	10						
陕　西	1 008		16		365	446	
甘　肃	1 786						4
青　海	14 753						1 417
宁　夏						2	
新　疆	3 282		5		11	350	1 924

各地区淡水养殖产量(按品种分)(四)

单位:吨

地 区	1. 鱼类(续)						2. 甲壳类
	其中(续)						
	银鱼	鲈鱼	乌鳢	罗非鱼	鲟鱼	鳗鲡	
全国总计	**16 249**	**432 058**	**459 277**	**1 624 547**	**96 914**	**233 222**	**3 438 142**
北 京		49	35	728	1 598		
天 津		1 110		2 621			38 937
河 北	195	636	54	8 437	7 182		27 654
山 西	56	101	472	705	1 060		169
内 蒙 古	155	12	1 030	53			1 047
辽 宁	993	19	2 416	1 029	1 263		59 648
吉 林	1 134	36	1 132	2	54		3 362
黑 龙 江	1 655	10	1 089				7 457
上 海							31 860
江 苏	74	39 714	26 329	2 401	786	6 959	844 028
浙 江	4	50 953	44 465	1 954	5 818	3 191	136 478
安 徽	3 112	6 177	34 042	3 415	282	2 001	369 215
福 建		10 694	2 269	115 865	3 387	95 884	79 164
江 西	1 708	17 436	37 895	4 603	3 820	16 419	154 393
山 东	1 926	969	57 140	6 747	13 292		108 173
河 南	213	2 272	1 519	987	1 146		38 178
湖 北	2 496	12 301	26 992	2 253	5 600	721	985 106
湖 南	800	3 742	37 773	1 555	6 435	170	258 378
广 东	122	258 421	165 236	751 239	2 176	106 423	258 386
广 西	228	1 320	1 259	247 321	1 036	410	3 668
海 南				305 571		1 040	2 353
重 庆		2 623	7 362	6 185	2 442		5 984
四 川	510	15 613	10 073	2 657	7 571		16 146
贵 州	472	4 459	140	2 197	10 512		1 311
云 南	259	1 014	145	154 812	18 178	4	1 877
西 藏							
陕 西	67	110	160	390	1 960		287
甘 肃			1	7	545		75
青 海							203
宁 夏		910	31		87		1 037
新 疆	70	1 357	218	813	684		3 568

各地区淡水养殖产量(按品种分)(五)

单位:吨

地区	2. 甲壳类(续)						3.贝类	
	(1)虾	其中				(2)蟹(河蟹)		其中
		罗氏沼虾	青虾	克氏原螯虾	南美白对虾			河蚌
全国总计	**2 681 265**	**133 266**	**234 358**	**1 638 662**	**642 807**	**756 877**	**195 797**	**58 866**
北京								
天津	37 959				37 959	978		
河北	23 946		597	4	23 345	3 708	4	4
山西	76		1	1	66	93		
内蒙古	435		136		292	612		
辽宁	12 339				11 814	47 309	2	2
吉林	445		137			2 917	3	3
黑龙江	305			46	40	7 152		
上海	24 490	3 480	190	322	20 498	7 370		
江苏	486 681	64 238	114 989	166 777	140 334	357 347	28 017	6 585
浙江	126 639	18 705	24 610	5 814	70 599	9 839	9 161	2 395
安徽	271 354	2 196	48 722	217 546	2 720	97 861	49 867	25 117
福建	78 091	1 362	1 078	1 197	73 213	1 073	30 341	3 885
江西	136 459	802	24 936	110 214	507	17 934	38 449	10 050
山东	85 300	142	1 413	32 493	46 077	22 873	596	179
河南	35 768	835	2 076	31 661	536	2 410	276	130
湖北	827 637	1 328	9 226	812 435	4 648	157 469	4 237	2 335
湖南	252 231	1 049	3 223	237 591	7 342	6 147	13 011	4 349
广东	249 906	36 121	1 530	117	199 527	8 480	12 870	2 725
广西	3 235	994	793	1 095	21	433	4 977	366
海南	2 353	1 490	46		591			
重庆	5 358	145	50	4 835	315	626	82	2
四川	15 567	143	156	14 813	337	579	2 869	592
贵州	1 002	22	39	660	56	309	221	67
云南	1 618	214	362	1 011	29	259	786	80
西藏								
陕西	189		2		166	98		
甘肃	24				13	51		
青海						203		
宁夏	244			25	219	793		
新疆	1 614		46	5	1 543	1 954	28	

各地区淡水养殖产量(按品种分)(六)

单位:吨

地 区	3. 贝类(续) 其中(续) 螺	蚬	4. 藻类(螺旋藻)	5. 其他类	其中 龟	鳖	蛙	珍珠(千克)	6. 观赏鱼(万尾)
全国总计	**95 691**	**18 006**	**6 939**	**514 751**	**47 676**	**319 081**	**102 255**	**702 563**	**535 216**
北 京									35 191
天 津				196		196			26 282
河 北				2 911		2 810			6 483
山 西				208					398
内 蒙 古			1 728	36					25
辽 宁				6 991			6 991		124 789
吉 林									32 403
黑 龙 江				76					
上 海				399	81	279	39		85 126
江 苏	18 959	2 401	976	26 443	2 285	22 564	590	101 001	85 771
浙 江	6 282	165	430	123 074	11 545	101 384	4 054	696	8 905
安 徽	23 490	1 260		43 354	5 165	33 218	3 796	274 205	14 249
福 建	3 182	8 203	510	18 655	172	5 081	11 963	1 000	2 347
江 西	23 303	3 525	2 794	72 440	6 978	28 848	34 920	248 000	4 861
山 东	275	4		6 345		6 250	57	800	34 753
河 南	133	13	5	7 317	107	7 050	119		22 804
湖 北	1 572	330		64 505	7 697	45 455	11 353		838
湖 南	6 613	147		45 201	3 384	23 910	13 692	76 228	1 273
广 东	4 227	1 804		48 306	7 288	18 434	2 535	41	19 657
广 西	4 423	153		24 800	2 769	18 615	634	588	17
海 南				2 970	20	371	2 132		150
重 庆	80			4 576	3	1 218	3 340	4	12 600
四 川	2 265			8 527	163	2 423	5 278		5 728
贵 州	153	1		678	15	32	205		113
云 南	706		496	692	4	70	555		5 869
西 藏									
陕 西				5 948		772			3 994
甘 肃				22		22			
青 海									
宁 夏				37		37			524
新 疆	28			44		42	2		66

各地区淡水养殖产量(按水域和养殖方式分)(一)

单位:吨

地区	淡水养殖产量	按水域分			
		1. 池塘	2. 湖泊	3.水库	4. 河沟
全国总计	**29 598 384**	**22 109 687**	**977 984**	**2 949 226**	**637 873**
北京	25 962	23 267			
天津	272 228	263 926		6 670	54
河北	286 351	245 649	4 017	29 518	2 033
山西	45 451	32 346	560	12 331	29
内蒙古	118 179	72 149	16 296	27 469	1 964
辽宁	798 728	611 887		106 222	4 286
吉林	214 790	91 763	30 617	83 744	704
黑龙江	577 220	409 659	51 023	70 757	27 508
上海	94 293	92 771			1 303
江苏	3 252 943	2 582 898	127 527	40 571	146 376
浙江	1 133 036	849 219	3 907	78 917	37 002
安徽	1 990 499	1 246 051	258 374	138 302	101 036
福建	800 880	492 744	4 258	158 689	37 431
江西	2 335 443	1 479 749	284 185	391 573	43 639
山东	1 170 526	917 702	43 295	174 187	1 073
河南	875 496	749 153	3 985	80 903	13 993
湖北	4 402 981	3 712 259			
湖南	2 379 514	1 750 574	68 636	199 746	14 336
广东	3 817 456	3 491 612	9 481	230 794	17 634
广西	1 282 698	692 198		430 899	97 838
海南	366 861	334 507	970	24 343	230
重庆	510 746	462 070		38 177	1 123
四川	1 489 358	811 962	1 009	213 910	71 864
贵州	226 382	58 965	478	89 441	7 515
云南	606 376	295 994	5 442	234 965	4 247
西藏	43	43			
陕西	155 835	89 530	3 480	40 515	2 700
甘肃	14 136	10 030	88	2 710	11
青海	17 116	551	452	16 113	
宁夏	176 555	114 801	58 466	1 711	680
新疆	160 302	123 658	1 438	26 049	1 264

各地区淡水养殖产量(按水域和养殖方式分)(二)

单位:吨

地区	按水域分(续)		养殖方式中		
	5. 其他	6. 稻田	1. 围栏	2. 网箱	3. 工厂化
全国总计	**590 345**	**2 333 269**	**84 030**	**591 067**	**213 463**
北京	2 695				1 291
天津	940	638			
河北	3 885	1 249	205	1 729	1 829
山西	45	140		254	
内蒙古		301	1 147	140	102
辽宁	24 224	52 109	1 520	55 939	580
吉林	222	7 740	1 160	2 546	250
黑龙江	10 693	7 580	145	1 205	80
上海		219			60
江苏	105 577	249 994	17 344	18 520	18 272
浙江	29 115	134 876	3 737	7 778	22 973
安徽	27 925	218 811	19 892	32 412	11 152
福建	91 908	15 850	1 221	19 670	76 968
江西	38 347	97 950	3 932	15 150	14 676
山东	27 689	6 580	19 142	25 683	31 657
河南	8 202	19 260		6 227	1 975
湖北		690 722			8 418
湖南	48 173	298 049		43 858	7 283
广东	66 261	1 674	3 305	2 993	637
广西	36 488	25 275	6 814	175 402	275
海南	6 599	212	195	660	
重庆		9 376	980		453
四川	7 182	383 431		1 859	1 253
贵州	24 402	45 581	55	33 944	1 183
云南	1 185	64 543	1 026	102 255	10 657
西藏					
陕西	19 450	160	2 210	25 065	530
甘肃	1 296	1		186	134
青海				14 853	
宁夏		897			
新疆	7 842	51		2 739	775

2-3 国内捕捞

全国海洋捕捞产量

单位:吨

指　　标	2018 年	2017 年	2018 年比 2017 年增减(±)	
			绝对量	幅度(%)
海洋捕捞产量	**10 444 647**	**11 124 203**	**-679 556**	**-6.11**
1. 鱼类	7 162 277	7 652 163	-489 886	-6.40
2. 甲壳类	1 979 498	2 075 964	-96 466	-4.65
虾	1 310 000	1 352 269	-42 269	-3.13
其中:毛虾	425 185	440 600	-15 415	-3.50
对虾	223 082	180 696	42 386	23.46
鹰爪虾	245 035	283 310	-38 275	-13.51
虾蛄	220 567	219 087	1 480	0.68
蟹	669 498	723 695	-54 197	-7.49
其中:梭子蟹	479 164	497 763	-18 599	-3.74
青蟹	79 444	79 491	-47	-0.06
蟳	28 462	34 750	-6 288	-18.09
3. 贝类	430 403	442 890	-12 487	-2.82
4. 藻类	18 286	19 976	-1 690	-8.46
5. 头足类	569 944	616 558	-46 614	-7.56
其中:乌贼	127 257	136 772	-9 515	-6.96
鱿鱼	292 018	320 199	-28 181	-8.80
章鱼	107 789	110 835	-3 046	-2.75
6. 其他类	284 239	316 652	-32 413	-10.24
其中:海蜇	160 673	168 538	-7 865	-4.67

全国海洋捕捞主要鱼类产量

单位:吨

指 标	2018 年	2017 年	2018 年比 2017 年增减(±)	
			绝对量	幅度(%)
海鳗	329 111	340 504	-11 393	-3.35
鳓鱼	67 689	75 167	-7 478	-9.95
鳀鱼	658 395	703 655	-45 260	-6.43
沙丁鱼	105 700	119 275	-13 575	-11.38
鲱鱼	10 304	10 887	-583	-5.36
石斑鱼	101 597	117 204	-15 607	-13.32
鲷	136 529	153 446	-16 917	-11.02
蓝圆鲹	493 952	535 188	-41 236	-7.70
白姑鱼	95 889	94 412	1 477	1.56
黄姑鱼	67 124	62 771	4 353	6.93
鮸鱼	60 944	58 794	2 150	3.66
大黄鱼	68 317	68 890	-573	-0.83
小黄鱼	282 553	290 732	-8 179	-2.81
梅童鱼	230 197	269 839	-39 642	-14.69
方头鱼	41 681	45 842	-4 161	-9.08
玉筋鱼	92 308	100 690	-8 382	-8.32
带鱼	939 372	1 012 329	-72 957	-7.21
金线鱼	334 314	374 572	-40 258	-10.75
梭鱼	118 310	134 800	-16 490	-12.23
鲐鱼	432 504	444 839	-12 335	-2.77
鲅鱼	356 711	355 564	1 147	0.32
金枪鱼	55 057	58 258	-3 201	-5.49
鲳鱼	326 015	329 547	-3 532	-1.07
马面鲀	139 151	157 443	-18 292	-11.62
竹筴鱼	40 613	37 510	3 103	8.27
鲻鱼	90 800	102 102	-11 302	-11.07

全国海洋捕捞产量（按海域、渔具分）

单位：吨

指标		2018年	2017年	2018年比2017年增减（±）	
				绝对量	幅度（%）
合计		**10 444 647**	**11 124 203**	**-679 556**	**-6.11**
按捕捞海域分	渤海	790 300	698 002	92 298	13.22
	黄海	2 385 959	2 529 459	-143 500	-5.67
	东海	4 172 797	4 513 623	-340 826	-7.55
	南海	3 095 591	3 383 119	-287 528	-8.50
按捕捞渔具分	拖网	4 887 102	5 355 104	-468 002	-8.74
	围网	931 291	927 676	3 615	0.39
	刺网	2 280 103	2 420 958	-140 855	-5.82
	张网	1 220 525	1 286 275	-65 750	-5.11
	钓具	369 058	332 304	36 754	11.06
	其他渔具	756 568	801 886	-45 318	-5.65

全国淡水捕捞产量

单位：吨

指标	2018年	2017年	2018年比2017年增减（±）	
			绝对量	幅度（%）
淡水捕捞产量	**1 963 871**	**2 182 973**	**-219 102**	**-10.04**
1. 鱼类	1 470 819	1 615 758	-144 939	-8.97
2. 甲壳类	258 511	289 326	-30 815	-10.65
虾	216 671	244 671	-28 000	-11.44
蟹	41 840	44 655	-2 815	-6.30
3. 贝类	212 048	251 847	-39 799	-15.80
4. 藻类	63	373	-310	-83.11
5. 其他类	22 430	25 669	-3 239	-12.62
其中：丰年虫	556	566	-10	-1.77

各地区海洋捕捞产量(按品种分)(一)

单位:吨

地　区	海洋捕捞产量	1. 鱼类	其中				
			海鳗	鳓鱼	鳀鱼	沙丁鱼	鲱鱼
全国总计	**10 444 647**	**7 162 277**	**329 111**	**67 689**	**658 395**	**105 700**	**10 304**
天　津	27 002	22 626			14 917		
河　北	212 348	121 718			44 625		
辽　宁	524 394	302 465	276	406	37 289	417	27
上　海	13 739	5 692	190	28			
江　苏	475 170	258 038	6 980	2 274	1 961	398	35
浙　江	2 873 946	1 947 635	81 141	9 444	54 555	8 116	1 875
福　建	1 701 208	1 238 632	61 850	11 459	67 588	7 330	3 366
山　东	1 702 291	1 161 678	14 558	6	403 166	5 978	
广　东	1 271 603	909 677	74 103	24 153	30 013	60 099	3 716
广　西	559 066	310 092	12 087	18 625		10 364	871
海　南	1 083 880	884 024	77 926	1 294	4 281	12 998	414

各地区海洋捕捞产量(按品种分)(二)

单位:吨

地　区	1. 鱼类(续)							
	其中(续)							
	石斑鱼	鲷鱼	蓝圆鲹	白姑鱼	黄姑鱼	鮸鱼	大黄鱼	小黄鱼
全国总计	**101 597**	**136 529**	**493 952**	**95 889**	**67 124**	**60 944**	**68 317**	**282 553**
天　津								1 339
河　北	15				183	25	1 131	9 406
辽　宁	4 106	52		1 187	1 563	148	21 499	55 724
上　海					26		15	200
江　苏	19	87	12	3 371	6 766	1 709	140	26 241
浙　江	872	4 751	52 597	48 803	36 193	42 520	553	103 358
福　建	16 121	55 137	243 322	9 031	8 369	10 004	3 649	9 450
山　东		50		10 211	6 779	422	2 691	40 964
广　东	37 095	37 483	96 030	18 750	4 366	5 060	25 647	23 746
广　西	5 208	21 196	57 016	1 353	68	700		
海　南	38 161	17 773	44 975	3 183	2 811	356	12 992	12 125

各地区海洋捕捞产量(按品种分)(三)

单位:吨

地区	1. 鱼类(续)							
	其中(续)							
	梅童鱼	方头鱼	玉筋鱼	带鱼	金线鱼	梭鱼	鲐鱼	鲅鱼
全国总计	**230 197**	**41 681**	**92 308**	**939 372**	**334 314**	**118 310**	**432 504**	**356 711**
天　津				215		426	1 864	1 316
河　北	172		160	2 099		11 170	6 745	10 160
辽　宁	4 236	190	3 187	6 429		12 679	22 818	34 457
上　海	70			294			97	84
江　苏	60 757	164	300	49 602		7 946	4 307	7 217
浙　江	139 678	15 806	30 692	387 968	1 676	8 868	186 502	84 538
福　建	19 429	4 256	12 480	139 086	8 899	14 513	120 828	40 468
山　东			30 741	71 555		26 545	37 100	148 967
广　东	3 451	9 296	2 329	127 925	78 683	24 237	30 198	25 576
广　西		39		25 813	28 504	7 916	10 039	2 001
海　南	2 404	11 930	12 419	128 386	216 552	4 010	12 006	1 927

各地区海洋捕捞产量(按品种分)(四)

单位:吨

地区	1. 鱼类(续)					2.甲壳类		
	其中(续)						(1)虾	其中
	金枪鱼	鲳鱼	马面鲀	竹筴鱼	鲻鱼			毛虾
全国总计	**55 057**	**326 015**	**139 151**	**40 613**	**90 800**	**1 979 498**	**1 310 000**	**425 185**
天　津						1 738	1 317	420
河　北		2 626	20		3 909	46 062	32 364	7 257
辽　宁	100	1 075	334		5 033	103 253	69 256	20 381
上　海		120		37		7 828	976	
江　苏		31 095	849		10 370	138 500	46 585	24 092
浙　江	4 088	100 555	19 479	5 201	9 037	751 609	548 512	179 436
福　建	2 378	57 910	41 373	11 124	24 710	304 755	179 751	58 093
山　东		28 916	1 839	6		221 668	180 765	61 648
广　东	31 824	64 754	39 383	5 015	17 956	211 592	138 398	35 872
广　西		9 029	21 203	185	7 499	123 169	69 494	28 136
海　南	16 667	29 935	14 671	19 045	12 286	69 324	42 582	9 850

各地区海洋捕捞产量(按品种分)(五)

单位:吨

地　区	2. 甲壳类(续)						
	(1)虾(续)			(2)蟹	其　中		
	其中(续)						
	对虾	鹰爪虾	虾蛄		梭子蟹	青蟹	蟳
全国总计	**223 082**	**245 035**	**220 567**	**669 498**	**479 164**	**79 444**	**28 462**
天　津	8		707	421			
河　北	2 165	2 063	16 151	13 698	8 380	8	92
辽　宁	4 472	5 804	30 008	33 997	16 895	3 945	8 383
上　海	41	523		6 852	5 905		
江　苏	2 244	8 577	7 490	91 915	83 617	2 466	1 200
浙　江	78 599	140 217	51 794	203 097	172 363	3 538	6 251
福　建	25 941	40 257	34 159	125 004	83 088	15 789	5 615
山　东	13 420	22 592	48 617	40 903	30 435	70	1 709
广　东	59 305	12 995	22 485	73 194	38 713	29 604	2 707
广　西	17 394	8 101	6 741	53 675	28 990	10 840	1 802
海　南	19 493	3 906	2 415	26 742	10 778	13 184	703

各地区海洋捕捞产量(按品种分)(六)

单位:吨

地　区	3. 贝类	4. 藻类	5. 头足类	其　中			6. 其他类	其　中
				乌贼	鱿鱼	章鱼		海蜇
全国总计	**430 403**	**18 286**	**569 944**	**127 257**	**292 018**	**107 789**	**284 239**	**160 673**
天　津	1 658		980	18	839	123		
河　北	18 773		8 628	1 500	1 609	4 489	17 167	10 488
辽　宁	54 514	216	28 063	3 401	14 159	6 504	35 883	8 405
上　海	2		199	35	39	125	18	
江　苏	40 849	835	13 487	1 938	7 141	3 755	23 461	14 162
浙　江	20 176	1 184	129 485	33 770	67 552	25 651	23 857	3 811
福　建	37 775	1 796	104 200	29 820	52 507	15 197	14 050	11 813
山　东	143 818	1 259	92 135	8 920	38 791	28 543	81 733	60 700
广　东	44 346	6 083	61 006	14 383	26 327	12 136	38 899	11 945
广　西	49 253		40 700	14 685	19 719	5 812	35 852	33 962
海　南	19 239	6 913	91 061	18 787	63 335	5 454	13 319	5 387

各地区海洋捕捞产量(按海域分)

单位:吨

地区	海洋捕捞产量	按捕捞海域分			
		1. 渤海	2. 黄海	3.东海	4. 南海
全国总计	**10 444 647**	**790 300**	**2 385 959**	**4 172 797**	**3 095 591**
天津	27 002	5 193	21 809		
河北	212 348	163 548	48 800		
辽宁	524 394	201 695	316 645	6 054	
上海	13 739			13 739	
江苏	475 170	413	422 778	51 529	450
浙江	2 873 946	138 114	154 973	2 567 972	12 887
福建	1 701 208			1 513 021	188 187
山东	1 702 291	281 337	1 420 954		
广东	1 271 603			20 482	1 251 121
广西	559 066				559 066
海南	1 083 880				1 083 880

各地区海洋捕捞产量(按渔具分)

单位:吨

地区	海洋捕捞产量	按捕捞渔具分					
		1. 拖网	2. 围网	3.刺网	4. 张网	5. 钓具	6. 其他
全国总计	**10 444 647**	**4 887 102**	**931 291**	**2 280 103**	**1 220 525**	**369 058**	**756 568**
天津	27 002	17 536	3 375	5 333	137		621
河北	212 348	52 560	1 880	87 872	43 870		26 166
辽宁	524 394	184 604	5 953	238 966	37 322	12 243	45 306
上海	13 739	12 073		700	966		
江苏	475 170	65 339	4 344	147 170	183 308	257	74 752
浙江	2 873 946	1 632 432	217 991	321 656	515 893	37 599	148 375
福建	1 701 208	655 186	269 311	257 144	285 301	49 451	184 815
山东	1 702 291	1 118 877	22 988	327 046	112 206	13 438	107 736
广东	1 271 603	609 243	130 573	361 118	8 210	106 134	56 325
广西	559 066	366 861	51 474	71 646	155	6 308	62 622
海南	1 083 880	172 391	223 402	461 452	33 157	143 628	49 850

各地区淡水捕捞产量(按品种分)

单位:吨

地区	淡水捕捞产量	1. 鱼类	2. 甲壳类			3.贝类	4. 藻类	5. 其他类	
				虾	蟹				其中:丰年虫
全国总计	**1 963 871**	**1 470 819**	**258 511**	**216 671**	**41 840**	**212 048**	**63**	**22 430**	**556**
北 京	2 360	2 360							
天 津	5 522	4 204	612	433	179	248		458	
河 北	42 136	37 503	2 379	1 760	619	1 571		683	
山 西	2 322	2 228	14	11	3			80	80
内蒙古	21 320	20 889	362	340	22			69	59
辽 宁	39 379	33 766	4 881	1 958	2 923	187		545	
吉 林	19 300	18 269	727	719	8	304			
黑龙江	47 100	45 932	665	665		495		8	
上 海	1 584	1 552	16	14	2			16	
江 苏	287 194	171 310	49 877	37 201	12 676	61 895		4 112	
浙 江	130 628	95 225	9 205	7 574	1 631	24 688	60	1 450	
安 徽	259 126	169 742	55 562	49 698	5 864	29 993		3 829	
福 建	69 876	46 937	4 918	4 015	903	17 258		763	
江 西	224 007	160 088	33 615	31 468	2 147	26 869		3 435	
山 东	82 821	67 352	11 440	7 282	4 158	3 715		314	15
河 南	108 321	91 917	14 508	13 862	646	1 869		27	
湖 北	181 064	143 965	31 415	28 849	2 566	3 858		1 826	
湖 南	89 869	73 635	10 503	9 379	1 124	4 334		1 397	
广 东	115 295	77 802	12 577	8 238	4 339	23 597		1 319	8
广 西	93 130	77 099	6 380	5 333	1 047	8 582		1 069	
海 南	13 256	12 047	300	216	84	908		1	
重 庆	18 835	16 952	1 677	1 466	211	206			
四 川	45 396	42 185	2 731	2 466	265	372		108	
贵 州	10 938	9 917	880	813	67	62		79	
云 南	31 124	27 006	2 842	2 764	78	1 029	2	245	
西 藏	334	25						309	309
陕 西	7 200	6 864	124	112	12	8	1	203	
甘 肃									
青 海									
宁 夏	394	381	13		13				
新 疆	14 040	13 667	288	35	253			85	85

2-4 远洋渔业

各地区远洋渔业

单位:吨、万元

地　　区	远洋捕捞产量	运回国内量	境外出售量	远洋渔业总产值	2018年比2017年增减(±) 远洋捕捞产量	运回国内量	境外出售量	远洋渔业总产值
全国总计	**2 257 450**	**1 462 344**	**795 106**	**2 627 266**	**171 250**	**226 097**	**-54 847**	**269 466**
北　京	1 706	1 273	433	2 786	-7 294	-7 061	-233	-7 714
天　津	14 041	9 898	4 143	12 261	2 141	1 172	969	1 861
河　北	65 481	1 833	63 648	16 691	17 281	-929	18 210	3 391
辽　宁	282 105	113 748	168 357	301 359	-3 295	9 612	-12 907	30 159
上　海	152 893	97 801	55 092	184 868	22 993	19 417	3 576	14 168
江　苏	14 809	3 130	11 679	20 432	-11 391	-11 202	-189	-6 768
浙　江	549 546	474 988	74 558	655 777	81 646	31 649	49 997	87 177
福　建	478 656	262 892	215 764	438 380	50 456	42 963	7 493	110 180
山　东	447 539	360 421	87 118	584 138	16 239	150 672	-134 433	55 838
广　东	52 828	16 170	36 658	93 955	5 128	-4 754	9 882	3 155
广　西	21 913	290	21 623	15 894	13 013	21	12 992	5 494
海　南								
中农发集团	175 933	119 900	56 033	300 725	-15 667	-5 463	-10 204	-27 475

各地区远洋渔业主要品种产量

单位:吨

地　　区	远洋捕捞产量	其中 金枪鱼	鱿鱼	竹筴鱼
全国总计	**2 257 450**	**364 017**	**574 297**	**61 429**
北　京	1 706	201	645	
天　津	14 041	545	714	3 991
河　北	65 481		1 446	
辽　宁	282 105	29 100	14 813	
上　海	152 893	90 034	21 529	
江　苏	14 809	1 473	10 518	
浙　江	549 546	101 013	356 102	14 507
福　建	478 656	27 120	23 502	
山　东	447 539	57 059	102 192	39 781
广　东	52 828	19 397	1 125	
广　西	21 913			
海　南				
中农发集团	175 933	38 075	41 711	3 150

第三部分

生产要素

3-1　水产养殖面积

全国水产养殖面积(按水域和养殖方式分)

单位:公顷

指　　标		2018 年	2017 年	2018 年比 2017 年增减(±)	
				绝对量	幅度(%)
总　　计		**7 189 524**	**7 449 034**	**-259 510**	**-3.48**
1. 海水养殖		2 043 069	2 084 076	-41 007	-1.97
按水域分	海上	1 140 199	1 102 887	37 312	3.38
	滩涂	596 483	658 275	-61 792	-9.39
	其他	306 387	322 914	-16 527	-5.12
养殖方式中	池塘	400 163	400 033	130	0.03
	普通网箱(米^2)	51 795 309	48 881 971	2 913 338	5.96
	深水网箱(米^3)	13 479 665	12 184 609	1 295 056	10.63
	筏式	339 123	346 942	-7 819	-2.25
	吊笼	131 142	118 681	12 461	10.50
	底播	932 563	875 712	56 851	6.49
	工厂化(米^3)	33 736 741	31 051 119	2 685 622	8.65
2. 淡水养殖		5 146 455	5 364 958	-218 503	-4.07
按水域分	池塘	2 666 835	2 527 781	139 054	5.50
	湖泊	746 155	886 492	-140 337	-15.83
	水库	1 441 670	1 615 407	-173 737	-10.75
	河沟	179 414	213 735	-34 321	-16.06
	其他	112 381	121 543	-9 162	-7.54
	稻田养成鱼	2 028 262	1 682 689	345 573	20.54
养殖方式中	围栏(米^2)	296 482 148	1 138 294 251	-841 812 103	-73.95
	网箱(米^2)	41 183 079	69 810 644	-28 627 565	-41.01
	工厂化(米^3)	48 142 207	39 899 956	8 242 251	20.66

全国海水养殖面积(按品种分)

单位:公顷

指　　标	2018 年	2017 年	2018 年比 2017 年增减(±)	
			绝对量	幅度(%)
海水养殖	**2 043 069**	**2 084 076**	**-41 007**	**-1.97**
1. 鱼类	75 123	89 917	-14 794	-16.45
2. 甲壳类	295 010	299 053	-4 043	-1.35
虾	243 570	245 409	-1 839	-0.75
其中:南美白对虾	167 025	165 833	1 192	0.72
斑节对虾	10 991	11 949	-958	-8.02
中国对虾	22 024	22 639	-615	-2.72
日本对虾	23 801	25 741	-1 940	-7.54
蟹	51 440	53 644	-2 204	-4.11
其中:梭子蟹	23 017	24 648	-1 631	-6.62
青蟹	23 129	22 734	395	1.74
3. 贝类	1 241 107	1 286 771	-45 664	-3.55
其中:牡蛎	144 377	138 462	5 915	4.27
鲍	14 014	14 393	-379	-2.63
螺	37 433	38 907	-1 474	-3.79
蚶	38 191	39 167	-976	-2.49
贻贝	34 578	49 039	-14 461	-29.49
江珧	582	676	-94	-13.91
扇贝	443 707	462 927	-19 220	-4.15
蛤	383 132	416 742	-33 610	-8.06
蛏	50 750	54 578	-3 828	-7.01
4. 藻类	144 153	145 263	-1 110	-0.76
其中:海带	45 100	44 236	864	1.95
裙带菜	7 235	6 431	804	12.50
紫菜	76 243	79 607	-3 364	-4.23
江蓠	9 020	8 810	210	2.38
麒麟菜	114	345	-231	-66.96
石花菜				
羊栖菜	1 304	1 095	209	19.09
苔菜		20	-20	-100.00
5. 其他类	287 676	263 072	24 604	9.35
其中:海参	238 183	219 163	19 020	8.68
海胆	9 910	14 366	-4 456	-31.02
海水珍珠	2 008	2 486	-478	-19.23
海蜇	14 834	16 272	-1 438	-8.84

各地区水产养殖面积(一)

单位:公顷

地　区	2018 年				2017 年				2018 年比 2017 年增减(±)			
	总面积	海水养殖面积	淡水养殖面积	其中:池塘	总面积	海水养殖面积	淡水养殖面积	其中:池塘	总面积	海水养殖面积	淡水养殖面积	其中:池塘
全国总计	**7 189 524**	**2 043 069**	**5 146 455**	**2 666 835**	**7 449 034**	**2 084 076**	**5 364 958**	**2 527 781**	**-259 510**	**-41 007**	**-218 503**	**139 054**
北　京	2 606		2 606	2 568	2 928		2 928	2 869	-322		-322	-301
天　津	30 570	2 759	27 811	24 702	33 345	3 206	30 139	27 261	-2 775	-447	-2 328	-2 559
河　北	151 909	111 404	40 505	21 810	153 484	107 583	45 901	22 324	-1 575	3 821	-5 396	-514
山　西	11 305		11 305	2 397	10 748		10 748	2 422	557		557	-25
内蒙古	112 821		112 821	19 283	137 105		137 105	19 085	-24 284		-24 284	198
辽　宁	870 224	693 190	177 034	37 213	878 700	698 400	180 300	36 401	-8 476	-5 210	-3 266	812
吉　林	325 493		325 493	32 603	250 697		250 697	30 812	74 796		74 796	1 791
黑龙江	400 310		400 310	109 064	382 677		382 677	92 645	17 633		17 633	16 419
上　海	12 826		12 826	11 662	15 621		15 621	14 117	-2 795		-2 795	-2 455
江　苏	631 630	186 641	444 989	327 348	632 151	192 390	439 761	297 719	-521	-5 749	5 228	29 629
浙　江	260 688	80 924	179 764	95 020	273 998	75 954	198 044	71 868	-13 310	4 970	-18 280	23 152
安　徽	487 169		487 169	198 875	477 177		477 177	183 607	9 992		9 992	15 268
福　建	248 363	162 464	85 899	34 495	241 921	155 739	86 182	34 918	6 442	6 725	-283	-423
江　西	408 404		408 404	164 031	412 784		412 784	161 030	-4 380		-4 380	3 001
山　东	782 255	570 857	211 398	123 684	833 586	610 377	223 209	110 429	-51 331	-39 520	-11 811	13 255

各地区水产养殖面积(二)

单位:公顷

地区	2018年				2017年				2018年比2017年增减(±)			
	总面积	海水养殖面积	淡水养殖面积	其中:池塘	总面积	海水养殖面积	淡水养殖面积	其中:池塘	总面积	海水养殖面积	淡水养殖面积	其中:池塘
河南	148 052		148 052	116 571	146 620		146 620	111 952	1 432		1 432	4 619
湖北	535 148		535 148	535 148	797 575		797 575	531 167	-262 427		-262 427	3 981
湖南	419 303		419 303	255 255	417 478		417 478	240 463	1 825		1 825	14 792
广东	478 897	165 614	313 283	244 478	473 771	161 690	312 081	232 031	5 126	3 924	1 202	12 447
广西	183 302	47 844	135 458	59 216	181 966	47 022	134 944	59 247	1 336	822	514	-31
海南	52 172	21 372	30 800	19 048	61 101	31 715	29 386	20 296	-8 929	-10 343	1 414	-1 248
重庆	83 024		83 024	53 043	82 204		82 204	52 288	820		820	755
四川	190 083		190 083	98 351	188 395		188 395	95 725	1 688		1 688	2 626
贵州	47 664		47 664	9 411	35 177		35 177	5 918	12 487		12 487	3 493
云南	94 429		94 429	23 368	93 493		93 493	22 937	936		936	431
西藏	4		4	4	4		4	4				
陕西	41 500		41 500	10 210	42 900		42 900	10 211	-1 400		-1 400	-1
甘肃	6 542		6 542	1 594	6 500		6 500	1 394	42		42	200
青海	17 400		17 400	340	17 400		17 400	139				201
宁夏	35 007		35 007	14 709	35 097		35 097	15 053	-90		-90	-344
新疆	120 424		120 424	21 334	132 431		132 431	21 449	-12 007		-12 007	-115

各地区海水养殖面积(按品种分)(一)

单位:公顷

地区	海水养殖面积	1.鱼类	2.甲壳类					
				虾	其中			
					南美白对虾	斑节对虾	中国对虾	日本对虾
全国总计	**2 043 069**	**75 123**	**295 010**	**243 570**	**167 025**	**10 991**	**22 024**	**23 801**
天　津	2 759	7	2 752	2 752	2 519			
河　北	111 404	573	25 531	24 036	12 495	70	6 402	4 375
辽　宁	693 190	6 900	18 870	17 935	3 429		7 630	6 350
上　海								
江　苏	186 641	8 660	22 816	14 192	2 727	2 412	1 655	145
浙　江	80 924	2 722	23 910	9 564	6 724	187	106	329
福　建	162 464	16 016	23 068	14 477	9 174	1 426	1 002	2 448
山　东	570 857	5 198	84 753	77 631	59 740	358	3 783	9 338
广　东	165 614	28 450	60 886	52 685	41 699	6 121	1 446	801
广　西	47 844	1 250	19 262	18 157	18 036	99		15
海　南	21 372	5 347	13 162	12 141	10 482	318		

各地区海水养殖面积(按品种分)(二)

单位:公顷

地区	2.甲壳类(续)			3.贝类					
	蟹	其中			其中				
		梭子蟹	青蟹		牡蛎	鲍	螺	蚶	贻贝
全国总计	**51 440**	**23 017**	**23 129**	**1 241 107**	**144 377**	**14 014**	**37 433**	**38 191**	**34 578**
天　津									
河　北	1 495	695		77 379			1 163	3 564	
辽　宁	935	834		489 300	23 727	950		19 114	3 288
上　海									
江　苏	8 624	8 498	126	110 547	2 555		19 178	3 147	5 740
浙　江	14 346	2 748	9 946	36 370	4 119	37	4 059	5 755	1 800
福　建	8 591	3 985	4 159	76 754	36 169	5 943	465	3 249	1 584
山　东	7 122	5 897		353 033	35 938	6 124	3 851	511	18 006
广　东	8 201	298	6 875	69 163	26 897	949	5 220	2 366	4 008
广　西	1 105		1 105	26 340	14 777		3 139	189	152
海　南	1 021	62	918	2 221	195	11	358	296	

各地区海水养殖面积(按品种分)(三)

单位:公顷

地区	3.贝类(续)				4.藻类				
	其中(续)					其中			
	江珧	扇贝	蛤	蛏		海带	裙带菜	紫菜	江蓠
全国总计	**582**	**443 707**	**383 132**	**50 750**	**144 153**	**45 100**	**7 235**	**76 243**	**9 020**
天　津									
河　北		50 973	15 493	13	7	7			
辽　宁		254 415	139 164	3 934	11 374	6 073	5 251		
上　海									
江　苏			71 823	4 104	43 411	300		43 111	
浙　江		67	6 733	12 841	17 540	1 058		15 156	
福　建		259	14 159	13 407	43 168	20 397		14 895	6 223
山　东		131 478	112 090	15 763	25 336	17 156	1 964	2 313	1 078
广　东	582	6 009	16 546	604	2 720	109	20	768	1 433
广　西		146	6 170	84					
海　南		360	954		597				286

各地区海水养殖面积(按品种分)(四)

单位:公顷

地区	4.藻类(续)				5.其他				
	其中(续)					其中			
	麒麟菜	石花菜	羊栖菜	苔菜		海参	海胆	海水珍珠	海蜇
全国总计	**114**		**1 304**		**287 676**	**238 183**	**9 910**	**2 008**	**14 834**
天　津									
河　北					7 914	7 741			25
辽　宁					166 746	139 904	1 842		12 040
上　海									
江　苏					1 207	462			701
浙　江			892		382	52			200
福　建			382		3 458	1 618			1 517
山　东					102 537	88 116	5 536		325
广　东	40		30		4 395	286	2 532	1 253	26
广　西					992			755	
海　南	74				45	4			

各地区海水养殖面积(按水域和养殖方式分类)(一)

单位:公顷

地　　区	海水养殖面积	按养殖水域分			养殖方式中	
		1. 海上	2. 滩涂	3.其他	1. 池塘	2. 普通网箱(米^2)
全国总计	**2 043 069**	**1 140 199**	**596 483**	**306 387**	**400 163**	**51 795 309**
天　　津	2 759			2 759	2 758	
河　　北	111 404	61 941	22 708	26 755	25 094	
辽　　宁	693 190	479 386	123 070	90 734	86 493	390 506
上　　海						
江　　苏	186 641	48 924	117 387	20 330	35 658	
浙　　江	80 924	22 634	34 052	24 238	24 766	611 072
福　　建	162 464	85 974	47 989	28 501	20 686	43 368 816
山　　东	570 857	370 248	157 542	43 067	104 031	2 091 950
广　　东	165 614	49 329	64 370	51 915	69 210	3 524 001
广　　西	47 844	18 022	16 336	13 486	15 962	633 607
海　　南	21 372	3 741	13 029	4 602	15 505	1 175 357

各地区海水养殖面积(按水域和养殖方式分类)(二)

单位:公顷

地　　区	养殖方式中(续)				
	3.深水网箱(米^3)	4. 筏式	5. 吊笼	6. 底播	7. 工厂化(米^3)
全国总计	**13 479 665**	**339 123**	**131 142**	**932 563**	**33 736 741**
天　　津					200 600
河　　北		51 108		17 961	3 149 700
辽　　宁	193 000	46 221	11 340	486 127	2 820 225
上　　海					
江　　苏		44 737	250	93 522	659 846
浙　　江	2 184 980	20 043	222	22 163	2 140 848
福　　建	517 703	45 906	6 240	17 734	12 311 962
山　　东	1 732 938	109 430	108 803	239 600	11 330 327
广　　东	1 572 332	15 835	4 060	46 144	828 569
广　　西	1 291 761	5 843	159	8 387	2 800
海　　南	5 986 951		68	925	291 864

各地区淡水养殖面积(按水域和养殖方式分)(一)

单位:公顷

地　区	淡水养殖面积	按水域分			
		1. 池塘	2. 湖泊	3.水库	4. 河沟
全国总计	**5 146 455**	**2 666 835**	**746 155**	**1 441 670**	**179 414**
北　京	2 606	2 568			
天　津	27 811	24 702		2 968	23
河　北	40 505	21 810	1 560	16 007	771
山　西	11 305	2 397	1 271	7 459	10
内蒙古	112 821	19 283	36 432	53 217	3 889
辽　宁	177 034	37 213		84 010	6 301
吉　林	325 493	32 603	112 906	179 649	330
黑龙江	400 310	109 064	122 185	142 620	20 218
上　海	12 826	11 662			1 164
江　苏	444 989	327 348	56 066	10 188	37 971
浙　江	179 764	95 020	2 406	68 339	11 557
安　徽	487 169	198 875	159 550	78 086	42 904
福　建	85 899	34 495	622	43 418	3 959
江　西	408 404	164 031	92 825	139 377	9 190
山　东	211 398	123 684	7 341	76 583	1 367
河　南	148 052	116 571	2 375	23 911	5 184
湖　北	535 148	535 148			
湖　南	419 303	255 255	56 237	104 124	970
广　东	313 283	244 478	1 682	58 424	1 468
广　西	135 458	59 216		68 733	5 642
海　南	30 800	19 048	169	11 394	7
重　庆	83 024	53 043		28 629	1 352
四　川	190 083	98 351	4 750	70 332	16 511
贵　州	47 664	9 411	239	30 980	4 600
云　南	94 429	23 368	8 401	60 945	1 214
西　藏	4	4			
陕　西	41 500	10 210	6 420	23 090	1 520
甘　肃	6 542	1 594	30	4 771	2
青　海	17 400	340	4 233	12 827	
宁　夏	35 007	14 709	18 059	1 747	492
新　疆	120 424	21 334	50 396	39 842	798

各地区淡水养殖面积(按水域和养殖方式分)(二)

单位:公顷

地　　区	按水域分(续)		养殖方式中		
	5. 其他	6. 稻田	围栏 (米²)	网箱 (米²)	工厂化 (米³)
全国总计	**112 381**	**2 028 262**	**296 482 148**	**41 183 079**	**48 142 207**
北　　京	38				146 349
天　　津	118	3 285			60 000
河　　北	357	2 423	40 020	226 980	1 130 200
山　　西	168	266		7 412	
内 蒙 古		6 326	49 284 000	6 800	16 000
辽　　宁	49 510	51 509	550 000	830 489	168 661
吉　　林	5	33 171	217 272	70 800	41 300
黑 龙 江	6 223	47 000	1 424 500	134 620	1 200
上　　海		75			26 000
江　　苏	13 416	241 058	30 227 917	2 955 972	2 419 971
浙　　江	2 442	46 434	4 536 849	526 230	8 135 360
安　　徽	7 754	150 636	128 545 843	7 070 252	868 304
福　　建	3 405	15 914	87 030	848 368	19 399 137
江　　西	2 981	66 996	3 496 361	347 875	1 482 581
山　　东	2 423	2 298	18 691 600	7 442 928	3 332 381
河　　南	11	33 709		344 420	165 899
湖　　北		393 171			3 080 000
湖　　南	2 717	300 148		2 428 654	396 718
广　　东	7 231	3 643	981 970	167 581	50 960
广　　西	1 867	45 414	26 313 633	10 566 506	32 000
海　　南	182	69	1 753	26 700	
重　　庆		35 295	13 486 500		26 418
四　　川	139	312 230		21 490	652 005
贵　　州	2 434	119 624	170 850	1 630 766	69 427
云　　南	501	111 947	3 400 170	3 014 656	1 828 814
西　　藏					
陕　　西	260	3 155	15 025 880	2 104 540	4 402 650
甘　　肃	145			56 453	6 547
青　　海				320 587	
宁　　夏		2 166			
新　　疆	8 054	300		32 000	203 325

3-2 水产苗种

全国水产苗种数量

指　　标	计量单位	2018 年	2017 年	2018 年比 2017 年增减(±)	
				绝对量	幅度(%)
淡水鱼苗产量	**亿尾**	**13 110**	**13 189**	**−79**	**−0.60**
其中:罗非鱼	亿尾	201	222	−21	−9.66
淡水鱼种产量	吨	3 587 746	3 697 172	−109 426	−2.96
投放鱼种产量	吨	4 085 689	4 187 797	−102 108	−2.44
河蟹育苗量	千克	891 829	843 890	47 939	5.68
扣蟹	千克	62 118 402	58 328 556	3 789 846	6.50
稚鳖数量	万只	61 771	60 757	1 014	1.67
稚龟数量	万只	13 024	12 518	506	4.04
鳗苗捕捞量	千克	12 716	17 130	−4 414	−25.77
海水鱼苗产量	**万尾**	**1 283 998**	**1 292 903**	**−8 905**	**−0.69**
其中:大黄鱼	万尾	325 675	391 472	−65 797	−16.81
鲆鱼	万尾	34 787	38 743	−3 956	−10.21
虾类育苗量	亿尾	13 418	12 518	900	7.19
其中:南美白对虾	亿尾	10 225	9 552	673	7.05
贝类育苗量	万粒	280 816 005	248 406 382	32 409 623	13.05
其中:鲍鱼育苗量	万粒	823 999	741 643	82 356	11.10
海带育苗量	亿株	490	484	6	1.20
紫菜育苗量	亿贝壳	12	13	−1	−6.66
海参	亿头	562	528	34	6.40

各地区水产苗种数量(一)

地　　区	淡水鱼苗(亿尾)	其中:罗非鱼(亿尾)	淡水鱼种(吨)	投放鱼种(吨)	河蟹育苗(千克)	扣蟹(千克)
全国总计	**13 109.93**	**200.90**	**3 587 746**	**4 085 689**	**891 829**	**62 118 402**
北　京	14.14		5 281	5 260		
天　津	43.73		14 223	25 430	385	6 080
河　北	43.79	0.23	20 737	31 273	300	2 605
山　西	2.00	0.13	3 902	5 870		
内蒙古	2.50		9 607	13 939		
辽　宁	82.00		100 513	99 409	70 700	24 844 050
吉　林	11.92		12 128	19 596		93 906
黑龙江	13.19		45 965	56 680		
上　海	13.75		5 832	13 037		6 066 000
江　苏	546.74	0.44	296 258	426 757	791 858	9 898 505
浙　江	184.94	0.52	51 321	85 798	501	37 119
安　徽	448.09	1.35	294 094	382 843		11 613 634
福　建	30.89	7.58	16 883	38 707		
江　西	376.94	2.12	288 961	402 222	4 910	155 068
山　东	104.24	0.26	96 662	137 212	5 775	69 167
河　南	60.85		92 382	101 294		42 382
湖　北	1 181.83		1 051 372	996 424		9 012 073
湖　南	499.96		433 219	343 222		
广　东	8 279.25	102.24	222 544	193 027		
广　西	506.21	17.45	124 355	137 135		13
海　南	55.21	52.53		5 382		
重　庆	86.40	1.71	87 091	102 827		
四　川	269.55	0.66	177 257	252 952		
贵　州	63.79		10 405	19 734		11 000
云　南	110.48	13.00	68 489	131 462		31 035
西　藏	0.04		12	12		
陕　西	19.42	0.30	14 023	13 570		18 000
甘　肃	0.74	0.01	2 184	2 499		4 115
青　海	0.05			54		3 750
宁　夏	10.20		26 548	27 689		
新　疆	47.09	0.37	15 498	14 373	17 400	209 900

各地区水产苗种数量(二)

地　　区	稚鳖 (万只)	稚龟 (万只)	鳗苗捕捞 (千克)	海水鱼苗 (万尾)	其　中	
					大黄鱼(万尾)	鲆鱼(万尾)
全国总计	**61 770.79**	**13 024.42**	**12 716**	**1 283 997.51**	**325 674.80**	**34 787.00**
北　　京	8.00	2.60				
天　　津	97.00			3 513.00		2 207.00
河　　北	779.70			3 550.00		1 557.00
山　　西	204.00					
内 蒙 古						
辽　　宁	2.00			2 966.00		2 706.00
吉　　林						
黑 龙 江						
上　　海	5.00	23.00	61			
江　　苏	3 790.00	878.00	4 952	11 497.00	100.00	78.00
浙　　江	11 077.00	737.00	1 322	43 321.00	37 411.00	
安　　徽	6 267.75	752.53				
福　　建	93.00	1.85	6 338	416 384.00	287 880.00	310.00
江　　西	11 649.00	5 769.00				
山　　东	2 099.00			77 980.00		27 528.00
河　　南	1 710.00	11.00				
湖　　北	6 944.00	2 539.00				
湖　　南	3 560.72	1 075.75				
广　　东	6 549.00	665.00	43	508 510.00	252.00	401.00
广　　西	5 994.94	544.69		39.20	31.80	
海　　南		15.50		216 237.31		
重　　庆	71.40	1.20				
四　　川	406.50	7.10				
贵　　州	0.69	1.20				
云　　南	0.09					
西　　藏						
陕　　西	461.00					
甘　　肃	1.00					
青　　海						
宁　　夏						
新　　疆						

各地区水产苗种数量(三)

地　区	虾类育苗(亿尾)	其中:南美白对虾(亿尾)	贝类育苗(万粒)	其中:鲍鱼(万粒)	海带(亿株)	紫菜(亿贝壳)	海参(亿头)
全国总计	**13 418.11**	**10 224.98**	**280 816 005**	**823 999**	**490.27**	**11.91**	**561.90**
北　京							
天　津	179.70	171.10					
河　北	414.45	393.50	770 000				10.41
山　西							
内蒙古							
辽　宁	147.00	104.00	7 386 126	19 692	6.00		205.00
吉　林							
黑龙江							
上　海							
江　苏	261.12	233.10	50			4.66	
浙　江	241.00	22.11	49 199 802			1.93	
安　徽	186.52		34 422				
福　建	2 511.90	1 824.03	163 564 501	636 460	290.27	5.26	0.20
江　西	14.11		13 300				
山　东	1 732.00	1 215.00	59 378 543	11 820	94.00		345.70
河　南	9.93						
湖　北	492.00		83				
湖　南							
广　东	5 455.00	4 497.00	293 678	155 927	100.00	0.06	0.09
广　西	208.68	205.96	71 353	100			
海　南	1 508.10	1 505.10	104 147				0.50
重　庆	1.30						
四　川	0.19						
贵　州							
云　南	0.91	0.01					
西　藏							
陕　西							
甘　肃	0.63	0.50					
青　海							
宁　夏							
新　疆	53.57	53.57					

3-3 年末渔船拥有量

全国渔船年末拥有量（一）

指标		2018年			2017年			2018年比2017年增减（±）		
		艘	总吨	千瓦	艘	总吨	千瓦	艘	总吨	千瓦
渔船合计		**863 892**	**10 801 514**	**20 735 788**	**946 160**	**10 823 609**	**21 089 027**	**-82 268**	**-22 095**	**-353 239**
机动渔船合计		556 150	10 414 394	20 735 788	599 331	10 386 349	21 089 027	-43 181	28 045	-353 239
1. 生产渔船		533 906	9 311 809	18 419 325	575 317	9 272 333	18 795 639	-41 411	39 476	-376 314
（1）捕捞渔船		374 674	8 667 138	16 530 132	391 389	8 541 931	16 696 031	-16 715	125 207	-165 899
441千瓦（含）以上		2 928	1 509 560	2 599 263	2 689	1 333 504	2 272 791	239	176 056	326 472
44.1（含）~441千瓦		54 372	5 762 682	9 702 044	57 527	5 742 298	9 977 402	-3 155	20 384	-275 358
44.1千瓦以下		317 374	1 394 896	4 228 825	331 173	1 466 129	4 445 838	-13 799	-71 233	-217 013
（2）养殖渔船		159 232	644 671	1 889 193	183 928	730 402	2 099 608	-24 696	-85 731	-210 415
2. 辅助渔船		22 244	1 102 585	2 316 463	24 014	1 114 016	2 293 388	-1 770	-11 431	23 075
（1）捕捞辅助船		18 559	935 286	1 596 224	20 345	960 822	1 621 650	-1 786	-25 536	-25 426
（2）渔业执法船		2 716	77 371	608 197	2 581	84 236	593 535	135	-6 865	14 662
机动渔船按船长分	24米（含）以上	37 140	6 952 173	11 034 561	36 224	6 521 773	10 550 923	916	430 400	483 638
	12（含）~24米	72 700	1 931 800	4 210 717	78 642	2 141 587	4 594 103	-5 942	-209 787	-383 386
	12米以下	446 310	1 530 433	5 490 676	484 149	1 721 604	5 934 581	-37 839	-191 171	-443 905
非机动渔船合计		307 742	387 120		346 829	437 260		-39 087	-50 140	

全国渔船年末拥有量(二)

指标		总数			海洋渔船			内陆渔船		
		艘	总吨	千瓦	艘	总吨	千瓦	艘	总吨	千瓦
渔船合计		**863 892**	**10 801 514**	**20 735 788**	**237 583**	**9 174 196**	**16 750 013**	**626 309**	**1 627 318**	**3 985 775**
机动渔船合计		556 150	10 414 394	20 735 788	232 979	9 164 657	16 750 013	323 171	1 249 737	3 985 775
1. 生产渔船		533 906	9 311 809	18 419 325	221 070	8 123 833	14 744 373	312 836	1 187 976	3 674 952
(1)捕捞渔船		374 674	8 667 138	16 530 132	156 018	7 820 086	13 701 490	218 656	847 052	2 828 642
441 千瓦(含)以上		2 928	1 509 560	2 599 263	2 917	1 506 443	2 593 757	11	3 117	5 506
44.1(含)~441 千瓦		54 372	5 762 682	9 702 044	51 333	5 660 197	9 471 702	3 039	102 485	230 342
44.1 千瓦以下		317 374	1 394 896	4 228 825	101 768	653 446	1 636 031	215 606	741 450	2 592 794
(2)养殖渔船		159 232	644 671	1 889 193	65 052	303 747	1 042 883	94 180	340 924	846 310
2. 辅助渔船		22 244	1 102 585	2 316 463	11 909	1 040 824	2 005 640	10 335	61 761	310 823
(1)捕捞辅助船		18 559	935 286	1 596 224	10 636	898 183	1 508 152	7 923	37 103	88 072
(2)渔业执法船		2 716	77 371	608 197	535	50 730	392 051	2 181	26 641	216 146
机动渔船按船长分	24 米(含)以上	37 140	6 952 173	11 034 561	36 493	6 917 125	10 978 721	647	35 048	55 840
	12(含)~24 米	72 700	1 931 800	4 210 717	40 520	1 528 314	3 504 589	32 180	403 486	706 128
	12 米以下	446 310	1 530 433	5 490 676	155 966	719 218	2 266 703	290 344	811 215	3 223 973
非机动渔船合计		307 742	387 120		4 604	9 539		303 138	377 581	

各地区机动渔船年末拥有量

地　　区	2018 年			2017 年			2018 年比 2017 年增减(±)		
	艘	总吨	千瓦	艘	总吨	千瓦	艘	总吨	千瓦
全国总计	**556 150**	**10 414 394**	**20 735 788**	**599 331**	**10 386 349**	**21 089 027**	**-43 181**	**28 045**	**-353 239**
北　京	34	10 244	14 602	34	10 252	14 621		-8	-19
天　津	2 547	36 748	77 794	3 122	38 309	93 440	-575	-1 561	-15 646
河　北	7 757	260 621	492 927	8 155	241 771	498 810	-398	18 850	-5 883
山　西	192	370	2 986	194	338	2 765	-2	32	221
内蒙古	1 256	2 246	18 524	1 266	2 206	18 006	-10	40	518
辽　宁	32 209	713 723	1 605 308	34 136	739 946	1 527 946	-1 927	-26 223	77 362
吉　林	4 419	7 025	72 964	4 619	7 201	82 973	-200	-176	-10 009
黑龙江	10 429	17 513	109 265	11 664	21 544	119 636	-1 235	-4 031	-10 371
上　海	856	110 520	162 058	871	112 949	171 918	-15	-2 429	-9 860
江　苏	102 533	908 074	2 003 312	111 458	1 000 367	2 135 273	-8 925	-92 293	-131 961
浙　江	31 847	3 006 930	4 501 478	34 043	3 002 425	4 508 048	-2 196	4 505	-6 570
安　徽	19 633	165 861	301 648	23 278	197 806	356 567	-3 645	-31 945	-54 919
福　建	50 939	1 357 945	2 764 162	54 758	1 249 477	2 710 948	-3 819	108 468	53 214
江　西	30 535	150 025	425 718	31 353	151 811	429 675	-818	-1 786	-3 957
山　东	64 537	1 208 227	2 488 759	65 894	1 223 532	2 531 593	-1 357	-15 305	-42 834
河　南	3 933	18 734	67 502	4 175	15 997	69 474	-242	2 737	-1 972
湖　北	30 855	66 283	272 555	43 371	83 452	353 802	-12 516	-17 169	-81 247
湖　南	34 931	79 148	318 448	34 968	79 231	318 757	-37	-83	-309
广　东	55 432	1 054 569	2 253 150	58 232	1 021 245	2 328 333	-2 800	33 324	-75 183
广　西	24 593	520 408	897 059	25 028	485 506	881 529	-435	34 902	15 530
海　南	24 864	537 057	1 376 162	25 026	505 002	1 389 831	-162	32 055	-13 669
重　庆	5 489	16 466	70 164	5 498	16 334	69 014	-9	132	1 150
四　川	7 714	8 437	63 782	8 192	8 754	65 578	-478	-317	-1 796
贵　州	4 066	6 844	65 814	4 903	7 802	75 554	-837	-958	-9 740
云　南	1 259	3 724	26 046	1 555	5 716	29 353	-296	-1 992	-3 307
西　藏									
陕　西	633	1 708	9 748	814	3 732	11 836	-181	-2 024	-2 088
甘　肃	39	110	1 853	39	112	2 019		-2	-166
青　海	1 127	1 198	13 789	1 127	1 198	13 789			
宁　夏	28	128	1 852	31	131	1 914	-3	-3	-62
新　疆	1 160	4 167	20 030	1 206	4 244	21 050	-46	-77	-1 020
中农发集团	304	139 341	236 329	321	147 959	254 975	-17	-8 618	-18 646

各地区机动渔船年末拥有量（按船长分）

地　　区	24米（含）以上			12（含）~24米			12米以下		
	艘	总吨	千瓦	艘	总吨	千瓦	艘	总吨	千瓦
全国总计	**37 140**	**6 952 173**	**11 034 561**	**72 700**	**1 931 800**	**4 210 717**	**446 310**	**1 530 433**	**5 490 676**
北　　京	14	10 146	12 867	7	79	935	13	19	800
天　　津	81	22 098	36 013	296	11 702	25 324	2 170	2 948	16 457
河　　北	1 053	148 938	199 803	2 452	75 147	185 331	4 252	36 536	107 793
山　　西				12	39	203	180	331	2 783
内 蒙 古				18	525	1 361	1 238	1 721	17 163
辽　　宁	2 947	357 381	730 439	7 640	269 971	600 503	21 622	86 371	274 366
吉　　林	7	640	1 669	330	1 440	9 329	4 082	4 945	61 966
黑 龙 江	16	1 510	5 133	150	986	5 035	10 263	15 017	99 097
上　　海	288	101 593	138 497	281	8 394	19 432	287	533	4 129
江　　苏	3 182	320 154	561 862	13 796	243 643	420 842	85 555	344 277	1 020 608
浙　　江	12 945	2 893 721	4 163 474	2 051	62 022	143 421	16 851	51 187	194 583
安　　徽	152	9 043	2 956	3 338	96 238	118 207	16 143	60 580	180 485
福　　建	5 092	1 040 269	1 821 255	5 080	181 056	475 874	40 767	136 620	467 033
江　　西	7	429	1 747	7 818	68 310	162 012	22 710	81 286	261 959
山　　东	5 332	835 617	1 398 176	5 883	164 884	394 669	53 322	207 726	695 914
河　　南	12	904	2 300	991	11 618	18 319	2 930	6 212	46 883
湖　　北	4	283	1 718	2 408	14 130	34 207	28 443	51 870	236 630
湖　　南	78	1 058	412	3 452	20 815	36 890	31 401	57 275	281 146
广　　东	3 515	613 732	1 065 097	8 993	297 394	667 576	42 924	143 443	520 477
广　　西	1 112	279 671	340 659	1 704	167 910	252 554	21 777	72 827	303 846
海　　南	1 003	176 374	314 973	4 474	226 411	594 862	19 387	134 272	466 327
重　　庆	1	50	306	735	3 846	15 000	4 753	12 570	54 858
四　　川	1	100	516	174	1 026	5 328	7 539	7 311	57 938
贵　　州	3	146	405	383	1 526	11 090	3 680	5 172	54 319
云　　南	3	150	1 238	37	294	1 661	1 219	3 280	23 147
西　　藏									
陕　　西				32	396	1 714	601	1 324	8 200
甘　　肃				3	15	309	36	95	1 544
青　　海							1 127	1 198	13 789
宁　　夏							28	128	1 852
新　　疆	2	108	400	148	700	5 046	1 010	3 359	14 584
中农发集团	290	138 058	232 646	14	1 283	3 683			

各地区机动渔船年末拥有量（生产渔船）

地区	生产渔船			捕捞渔船			养殖渔船		
	艘	总吨	千瓦	艘	总吨	千瓦	艘	总吨	千瓦
全国总计	**533 906**	**9 311 809**	**18 419 325**	**374 674**	**8 667 138**	**16 530 132**	**159 232**	**644 671**	**1 889 193**
北　京	14	10 146	12 867	14	10 146	12 867			
天　津	2 494	34 243	68 051	2 061	33 784	65 156	433	459	2 895
河　北	6 959	231 049	419 114	5 000	207 710	321 971	1 959	23 339	97 143
山　西	181	303	1 878	127	139	928	54	164	950
内蒙古	1 191	1 469	12 180	1 025	1 235	10 174	166	234	2 006
辽　宁	31 355	648 149	1 416 304	18 601	577 589	1 222 677	12 754	70 560	193 627
吉　林	4 325	5 778	65 951	2 806	3 425	39 547	1 519	2 353	26 404
黑龙江	10 316	15 088	94 633	7 038	11 149	63 214	3 278	3 939	31 419
上　海	800	105 792	146 820	800	105 792	146 820			
江　苏	95 887	855 727	1 856 823	53 763	618 365	1 369 817	42 124	237 362	487 006
浙　江	29 300	2 461 512	3 655 399	22 687	2 442 581	3 580 524	6 613	18 931	74 875
安　徽	19 136	161 303	282 187	16 488	119 645	249 972	2 648	41 658	32 215
福　建	48 440	1 176 968	2 423 572	26 022	1 118 089	2 184 955	22 418	58 879	238 617
江　西	30 399	148 606	411 903	23 519	123 668	341 305	6 880	24 938	70 598
山　东	64 071	1 111 717	2 325 243	46 771	1 034 670	2 023 033	17 300	77 047	302 210
河　南	3 826	17 617	59 210	3 006	15 701	48 199	820	1 916	11 011
湖　北	30 278	63 331	249 270	16 050	34 574	153 228	14 228	28 757	96 042
湖　南	34 735	77 657	302 486	17 250	53 765	203 509	17 485	23 892	98 977
广　东	51 285	974 149	1 969 563	46 527	953 380	1 906 182	4 758	20 769	63 381
广　西	23 576	511 704	849 887	22 738	510 076	835 735	838	1 628	14 152
海　南	24 667	522 803	1 340 453	24 512	521 173	1 331 024	155	1 630	9 429
重　庆	5 083	14 942	59 577	5 010	14 647	58 772	73	295	805
四　川	7 355	7 543	53 954	6 554	5 874	46 401	801	1 669	7 553
贵　州	3 945	5 599	54 181	3 173	3 958	41 263	772	1 641	12 918
云　南	1 117	2 944	14 710	937	2 451	12 433	180	493	2 277
西　藏									
陕　西	605	1 543	7 526	74	268	807	531	1 275	6 719
甘　肃	22	22	240				22	22	240
青　海	1 112	982	11 660	1 008	765	8 878	104	217	2 782
宁　夏	6	10	92				6	10	92
新　疆	1 122	3 772	17 262	809	3 178	14 412	313	594	2 850
中农发集团	304	139 341	236 329	304	139 341	236 329			

各地区海洋机动渔船年末拥有量

地　　区	2018 年			2017 年			2018 年比 2017 年增减(±)		
	艘	总吨	千瓦	艘	总吨	千瓦	艘	总吨	千瓦
全国总计	**232 979**	**9 164 657**	**16 750 013**	**244 712**	**8 986 677**	**16 806 553**	**-11 733**	**177 980**	**-56 540**
北　　京	14	10 146	12 867	14	10 146	12 867			
天　　津	578	35 334	65 541	647	35 566	67 584	-69	-232	-2 043
河　　北	6 375	257 441	461 683	6 698	238 407	466 478	-323	19 034	-4 795
辽　　宁	29 898	706 459	1 572 128	31 893	733 242	1 501 057	-1 995	-26 783	71 071
上　　海	391	105 750	147 373	400	108 402	158 397	-9	-2 652	-11 024
江　　苏	8 235	408 139	804 530	8 544	410 485	819 009	-309	-2 346	-14 479
浙　　江	24 420	2 988 110	4 414 582	25 537	2 976 624	4 405 645	-1 117	11 486	8 937
福　　建	47 656	1 354 140	2 741 769	51 375	1 245 075	2 687 259	-3 719	109 065	54 510
山　　东	37 155	1 107 093	2 117 229	38 410	1 121 795	2 157 445	-1 255	-14 702	-40 216
广　　东	44 108	1 025 312	2 130 500	46 394	987 984	2 220 799	-2 286	37 328	-90 299
广　　西	9 169	501 962	681 524	9 486	466 106	665 446	-317	35 856	16 078
海　　南	24 676	525 430	1 363 958	24 993	504 886	1 389 592	-317	20 544	-25 634
中农发集团	304	139 341	236 329	321	147 959	254 975	-17	-8 618	-18 646

各地区海洋机动渔船年末拥有量(按船长分)

地　　区	24 米(含)以上			12(含)~24 米			12 米以下		
	艘	总吨	千瓦	艘	总吨	千瓦	艘	总吨	千瓦
全国总计	**36 493**	**6 917 125**	**10 978 721**	**40 520**	**1 528 314**	**3 504 589**	**155 966**	**719 218**	**2 266 703**
北　　京	14	10 146	12 867						
天　　津	81	22 098	36 013	296	11 702	25 324	201	1 534	4 204
河　　北	1 052	148 857	199 333	2 443	75 086	184 881	2 880	33 498	77 469
辽　　宁	2 927	356 253	728 655	7 576	268 821	594 671	19 395	81 385	248 802
上　　海	281	100 869	135 941	102	4 840	11 253	8	41	179
江　　苏	2 957	310 429	545 624	3 014	81 074	189 053	2 264	16 636	69 853
浙　　江	12 940	2 893 129	4 162 230	1 843	60 369	136 759	9 637	34 612	115 593
福　　建	5 092	1 040 269	1 821 255	5 041	180 796	475 069	37 523	133 075	445 445
山　　东	5 331	835 533	1 397 860	5 853	164 662	393 187	25 971	106 898	326 182
广　　东	3 467	608 241	1 053 926	8 362	291 184	654 051	32 279	125 887	422 523
广　　西	1 110	279 624	340 110	1 559	167 076	245 751	6 500	55 262	95 663
海　　南	951	173 619	312 261	4 417	221 421	590 907	19 308	130 390	460 790
中农发集团	290	138 058	232 646	14	1 283	3 683			

各地区海洋机动渔船年末拥有量(生产渔船)

地区	生产渔船			捕捞渔船			养殖渔船		
	艘	总吨	千瓦	艘	总吨	千瓦	艘	总吨	千瓦
全国总计	**221 070**	**8 123 833**	**14 744 373**	**156 018**	**7 820 086**	**13 701 490**	**65 052**	**303 747**	**1 042 883**
北京	14	10 146	12 867	14	10 146	12 867			
天津	541	32 856	56 332	431	32 696	54 952	110	160	1 380
河北	5 614	228 221	391 131	3 828	205 435	296 710	1 786	22 786	94 421
辽宁	29 118	642 396	1 391 270	16 654	572 950	1 207 050	12 464	69 446	184 220
上海	371	101 996	137 723	371	101 996	137 723			
江苏	8 002	387 030	737 575	6 280	344 620	632 451	1 722	42 410	105 124
浙江	22 186	2 444 621	3 580 893	16 816	2 431 215	3 522 219	5 370	13 406	58 674
福建	45 182	1 173 269	2 402 960	22 951	1 114 680	2 165 984	22 231	58 589	236 976
山东	36 767	1 011 816	1 962 030	20 110	936 020	1 672 938	16 657	75 796	289 092
广东	40 208	946 233	1 860 171	35 694	926 923	1 797 085	4 514	19 310	63 086
广西	8 277	494 226	645 575	8 232	494 000	644 812	45	226	763
海南	24 486	511 682	1 329 517	24 333	510 064	1 320 370	153	1 618	9 147
中农发集团	304	139 341	236 329	304	139 341	236 329			

各地区内陆机动渔船年末拥有量

地 区	2018 年			2017 年			2018 年比 2017 年增减(±)		
	艘	总吨	千瓦	艘	总吨	千瓦	艘	总吨	千瓦
全国总计	**323 171**	**1 249 737**	**3 985 775**	**354 619**	**1 399 672**	**4 282 474**	**-31 448**	**-149 935**	**-296 699**
北 京	20	98	1 735	20	106	1 754		-8	-19
天 津	1 969	1 414	12 253	2 475	2 743	25 856	-506	-1 329	-13 603
河 北	1 382	3 180	31 244	1 457	3 364	32 332	-75	-184	-1 088
山 西	192	370	2 986	194	338	2 765	-2	32	221
内 蒙 古	1 256	2 246	18 524	1 266	2 206	18 006	-10	40	518
辽 宁	2 311	7 264	33 180	2 243	6 704	26 889	68	560	6 291
吉 林	4 419	7 025	72 964	4 619	7 201	82 973	-200	-176	-10 009
黑 龙 江	10 429	17 513	109 265	11 664	21 544	119 636	-1 235	-4 031	-10 371
上 海	465	4 770	14 685	471	4 547	13 521	-6	223	1 164
江 苏	94 298	499 935	1 198 782	102 914	589 882	1 316 264	-8 616	-89 947	-117 482
浙 江	7 427	18 820	86 896	8 506	25 801	102 403	-1 079	-6 981	-15 507
安 徽	19 633	165 861	301 648	23 278	197 806	356 567	-3 645	-31 945	-54 919
福 建	3 283	3 805	22 393	3 383	4 402	23 689	-100	-597	-1 296
江 西	30 535	150 025	425 718	31 353	151 811	429 675	-818	-1 786	-3 957
山 东	27 382	101 134	371 530	27 484	101 737	374 148	-102	-603	-2 618
河 南	3 933	18 734	67 502	4 175	15 997	69 474	-242	2 737	-1 972
湖 北	30 855	66 283	272 555	43 371	83 452	353 802	-12 516	-17 169	-81 247
湖 南	34 931	79 148	318 448	34 968	79 231	318 757	-37	-83	-309
广 东	11 324	29 257	122 650	11 838	33 261	107 534	-514	-4 004	15 116
广 西	15 424	18 446	215 535	15 542	19 400	216 083	-118	-954	-548
海 南	188	11 627	12 204	33	116	239	155	11 511	11 965
重 庆	5 489	16 466	70 164	5 498	16 334	69 014	-9	132	1 150
四 川	7 714	8 437	63 782	8 192	8 754	65 578	-478	-317	-1 796
贵 州	4 066	6 844	65 814	4 903	7 802	75 554	-837	-958	-9 740
云 南	1 259	3 724	26 046	1 555	5 716	29 353	-296	-1 992	-3 307
西 藏									
陕 西	633	1 708	9 748	814	3 732	11 836	-181	-2 024	-2 088
甘 肃	39	110	1 853	39	112	2 019		-2	-166
青 海	1 127	1 198	13 789	1 127	1 198	13 789			
宁 夏	28	128	1 852	31	131	1 914	-3	-3	-62
新 疆	1 160	4 167	20 030	1 206	4 244	21 050	-46	-77	-1 020

各地区内陆机动渔船年末拥有量(按船长分)

地　区	24米(含)以上			12(含)~24米			12米以下		
	艘	总吨	千瓦	艘	总吨	千瓦	艘	总吨	千瓦
全国总计	**647**	**35 048**	**55 840**	**32 180**	**403 486**	**706 128**	**290 344**	**811 215**	**3 223 973**
北　京				7	79	935	13	19	800
天　津							1 969	1 414	12 253
河　北	1	81	470	9	61	450	1 372	3 038	30 324
山　西				12	39	203	180	331	2 783
内蒙古				18	525	1 361	1 238	1 721	17 163
辽　宁	20	1 128	1 784	64	1 150	5 832	2 227	4 986	25 564
吉　林	7	640	1 669	330	1 440	9 329	4 082	4 945	61 966
黑龙江	16	1 510	5 133	150	986	5 035	10 263	15 017	99 097
上　海	7	724	2 556	179	3 554	8 179	279	492	3 950
江　苏	225	9 725	16 238	10 782	162 569	231 789	83 291	327 641	950 755
浙　江	5	592	1 244	208	1 653	6 662	7 214	16 575	78 990
安　徽	152	9 043	2 956	3 338	96 238	118 207	16 143	60 580	180 485
福　建				39	260	805	3 244	3 545	21 588
江　西	7	429	1 747	7 818	68 310	162 012	22 710	81 286	261 959
山　东	1	84	316	30	222	1 482	27 351	100 828	369 732
河　南	12	904	2 300	991	11 618	18 319	2 930	6 212	46 883
湖　北	4	283	1 718	2 408	14 130	34 207	28 443	51 870	236 630
湖　南	78	1 058	412	3 452	20 815	36 890	31 401	57 275	281 146
广　东	48	5 491	11 171	631	6 210	13 525	10 645	17 556	97 954
广　西	2	47	549	145	834	6 803	15 277	17 565	208 183
海　南	52	2 755	2 712	57	4 990	3 955	79	3 882	5 537
重　庆	1	50	306	735	3 846	15 000	4 753	12 570	54 858
四　川	1	100	516	174	1 026	5 328	7 539	7 311	57 938
贵　州	3	146	405	383	1 526	11 090	3 680	5 172	54 319
云　南	3	150	1 238	37	294	1 661	1 219	3 280	23 147
西　藏									
陕　西				32	396	1 714	601	1 324	8 200
甘　肃				3	15	309	36	95	1 544
青　海							1 127	1 198	13 789
宁　夏							28	128	1 852
新　疆	2	108	400	148	700	5 046	1 010	3 359	14 584

各地区内陆机动渔船年末拥有量(生产渔船)

地区	生产渔船			捕捞渔船			养殖渔船		
	艘	总吨	千瓦	艘	总吨	千瓦	艘	总吨	千瓦
全国总计	**312 836**	**1 187 976**	**3 674 952**	**218 656**	**847 052**	**2 828 642**	**94 180**	**340 924**	**846 310**
北京									
天津	1 953	1 387	11 719	1 630	1 088	10 204	323	299	1 515
河北	1 345	2 828	27 983	1 172	2 275	25 261	173	553	2 722
山西	181	303	1 878	127	139	928	54	164	950
内蒙古	1 191	1 469	12 180	1 025	1 235	10 174	166	234	2 006
辽宁	2 237	5 753	25 034	1 947	4 639	15 627	290	1 114	9 407
吉林	4 325	5 778	65 951	2 806	3 425	39 547	1 519	2 353	26 404
黑龙江	10 316	15 088	94 633	7 038	11 149	63 214	3 278	3 939	31 419
上海	429	3 796	9 097	429	3 796	9 097			
江苏	87 885	468 697	1 119 248	47 483	273 745	737 366	40 402	194 952	381 882
浙江	7 114	16 891	74 506	5 871	11 366	58 305	1 243	5 525	16 201
安徽	19 136	161 303	282 187	16 488	119 645	249 972	2 648	41 658	32 215
福建	3 258	3 699	20 612	3 071	3 409	18 971	187	290	1 641
江西	30 399	148 606	411 903	23 519	123 668	341 305	6 880	24 938	70 598
山东	27 304	99 901	363 213	26 661	98 650	350 095	643	1 251	13 118
河南	3 826	17 617	59 210	3 006	15 701	48 199	820	1 916	11 011
湖北	30 278	63 331	249 270	16 050	34 574	153 228	14 228	28 757	96 042
湖南	34 735	77 657	302 486	17 250	53 765	203 509	17 485	23 892	98 977
广东	11 077	27 916	109 392	10 833	26 457	109 097	244	1 459	295
广西	15 299	17 478	204 312	14 506	16 076	190 923	793	1 402	13 389
海南	181	11 121	10 936	179	11 109	10 654	2	12	282
重庆	5 083	14 942	59 577	5 010	14 647	58 772	73	295	805
四川	7 355	7 543	53 954	6 554	5 874	46 401	801	1 669	7 553
贵州	3 945	5 599	54 181	3 173	3 958	41 263	772	1 641	12 918
云南	1 117	2 944	14 710	937	2 451	12 433	180	493	2 277
西藏									
陕西	605	1 543	7 526	74	268	807	531	1 275	6 719
甘肃	22	22	240				22	22	240
青海	1 112	982	11 660	1 008	765	8 878	104	217	2 782
宁夏	6	10	92				6	10	92
新疆	1 122	3 772	17 262	809	3 178	14 412	313	594	2 850

各地区捕捞机动渔船年末拥有量(按功率分)

地 区	44.1 千瓦以下			44.1(含)~441 千瓦			441 千瓦(含)以上		
	艘	总吨	千瓦	艘	总吨	千瓦	艘	总吨	千瓦
全国总计	**317 374**	**1 394 896**	**4 228 825**	**54 372**	**5 762 682**	**9 702 044**	**2 928**	**1 509 560**	**2 599 263**
北 京				6	788	1 480	8	9 358	11 387
天 津	1 737	2 768	12 478	315	24 925	43 933	9	6 091	8 745
河 北	3 114	23 216	55 744	1 886	184 494	266 227			
山 西	127	139	928						
内 蒙 古	1 025	1 235	10 174						
辽 宁	13 424	87 041	228 133	4 835	364 918	719 007	342	125 630	275 537
吉 林	2 779	3 363	38 069	27	62	1 478			
黑 龙 江	7 030	11 017	62 317	8	132	897			
上 海	393	2 454	6 121	365	42 818	69 232	42	60 520	71 467
江 苏	48 321	264 846	699 909	5 424	347 324	661 050	18	6 195	8 858
浙 江	10 990	43 255	136 790	11 035	1 981 771	2 824 124	662	417 555	619 610
安 徽	15 420	76 238	177 427	1 068	43 407	72 545			
福 建	17 953	85 119	224 965	7 546	757 166	1 391 758	523	275 804	568 232
江 西	23 514	123 601	340 888	5	67	417			
山 东	39 336	199 667	545 052	7 073	654 028	1 132 145	362	180 975	345 836
河 南	2 972	15 577	46 513	34	124	1 686			
湖 北	16 036	34 496	148 199	14	78	5 029			
湖 南	17 250	53 765	203 509						
广 东	38 282	158 060	438 349	7 744	597 205	1 121 111	501	198 115	346 722
广 西	20 446	46 041	239 764	2 199	423 760	541 275	93	40 275	54 696
海 南	19 683	132 279	435 315	4 682	323 674	815 347	147	65 220	80 362
重 庆	5 005	14 587	58 271	5	60	501			
四 川	6 549	5 859	46 114	5	15	287			
贵 州	3 171	3 952	41 158	2	6	105			
云 南	937	2 451	12 433						
西 藏									
陕 西	74	268	807						
甘 肃									
青 海	1 008	765	8 878						
宁 夏									
新 疆	798	2 837	10 520	11	341	3 892			
中农发集团				83	15 519	28 518	221	123 822	207 811

各地区海洋捕捞机动渔船基本情况

地 区	合 计		1.国内海洋捕捞		2. 纳入双控管理渔船数		3.远洋渔船	
	艘	千瓦	艘	千瓦	艘	千瓦	艘	千瓦
全国总计	**156 018**	**13 701 490**	**153 364**	**10 961 164**	**131 138**	**11 013 693**	**2 654**	**2 740 326**
北 京	14	12 867					14	12 867
天 津	431	54 952	415	46 116	416	42 675	16	8 836
河 北	3 828	296 710	3 808	274 544	3 942	315 258	20	22 166
辽 宁	16 654	1 207 050	16 320	907 827	15 804	756 593	334	299 223
上 海	371	137 723	295	42 812	330	50 372	76	94 911
江 苏	6 280	632 451	6 238	618 172	4 292	519 684	42	14 279
浙 江	16 816	3 522 219	16 205	2 857 601	17 169	2 983 022	611	664 618
福 建	22 951	2 165 984	22 437	1 580 485	13 768	1 649 427	514	585 499
山 东	20 110	1 672 938	19 624	1 054 200	17 063	1 308 568	486	618 738
广 东	35 694	1 797 085	35 480	1 642 613	29 896	1 665 684	214	154 472
广 西	8 232	644 812	8 209	616 424	8 314	688 413	23	28 388
海 南	24 333	1 320 370	24 333	1 320 370	20 144	1 033 997		
中农发集团	304	236 329					304	236 329

各地区海洋捕捞机动渔船年末拥有量(按功率分)

地 区	44.1 千瓦以下			44.1(含)~441 千瓦			441 千瓦(含)以上		
	艘	总吨	千瓦	艘	总吨	千瓦	艘	总吨	千瓦
全国总计	**101 768**	**653 446**	**1 636 031**	**51 333**	**5 660 197**	**9 471 702**	**2 917**	**1 506 443**	**2 593 757**
北 京				6	788	1 480	8	9 358	11 387
天 津	107	1 680	2 274	315	24 925	43 933	9	6 091	8 745
河 北	1 942	20 941	30 483	1 886	184 494	266 227			
辽 宁	11 490	83 227	213 647	4 822	364 093	717 866	342	125 630	275 537
上 海	28	204	751	301	41 272	65 505	42	60 520	71 467
江 苏	2 404	29 776	80 804	3 858	308 649	542 789	18	6 195	8 858
浙 江	5 122	31 951	78 731	11 032	1 981 709	2 823 878	662	417 555	619 610
福 建	14 883	81 720	206 097	7 545	757 156	1 391 655	523	275 804	568 232
山 东	12 680	101 095	196 165	7 068	653 950	1 130 937	362	180 975	345 836
广 东	27 521	140 890	343 156	7 681	590 235	1 112 317	492	195 798	341 612
广 西	5 940	29 965	48 841	2 199	423 760	541 275	93	40 275	54 696
海 南	19 651	131 997	435 082	4 537	313 647	805 322	145	64 420	79 966
中农发集团				83	15 519	28 518	221	123 822	207 811

各地区海洋捕捞机动渔船年末拥有量(按作业类型分)(一)

地　区	拖网			围网			刺网		
	艘	总吨	千瓦	艘	总吨	千瓦	艘	总吨	千瓦
全国总计	**28 364**	**3 466 618**	**6 063 716**	**6 946**	**829 814**	**1 256 613**	**87 664**	**1 958 132**	**3 820 223**
北　京									
天　津	27	5 851	9 950	7	3 882	2 772	368	14 553	28 651
河　北	187	38 576	59 558	35	10 952	10 215	3 602	155 745	226 576
辽　宁	3 438	249 307	567 989	84	4 166	6 815	10 050	265 579	521 391
上　海	257	64 342	81 370	10	16 411	26 908	12	1 121	2 194
江　苏	975	51 940	108 684	65	6 363	5 929	3 186	233 478	406 430
浙　江	6 306	1 131 771	1 763 850	475	136 257	179 120	5 507	400 621	543 391
福　建	3 253	420 125	865 046	1 304	322 256	446 948	9 442	183 022	429 243
山　东	6 494	581 310	1 056 397	196	49 881	80 445	9 740	151 020	285 783
广　东	4 570	411 169	790 505	1 248	120 419	185 738	25 329	288 253	586 350
广　西	1 919	379 726	469 092	390	34 950	35 481	5 135	23 266	78 831
海　南	790	71 553	174 242	3 127	116 941	262 863	15 289	241 330	710 943
中农发集团	148	60 948	117 033	5	7 336	13 379	4	144	440

各地区海洋捕捞机动渔船年末拥有量(按作业类型分)(二)

地　区	张网			钓业			其他		
	艘	总吨	千瓦	艘	总吨	千瓦	艘	总吨	千瓦
全国总计	**13 125**	**380 279**	**615 223**	**9 100**	**842 091**	**1 341 537**	**10 819**	**343 152**	**604 178**
北　京	6	788	1 480	8	9 358	11 387			
天　津	12	2 010	3 914	9	6 091	8 745	8	309	920
河　北							4	162	361
辽　宁	1 340	7 993	16 900	936	41 123	67 637	806	4 782	26 318
上　海	64	1 278	3 837	28	18 844	23 414			
江　苏	1 801	47 322	97 813	4	109	280	249	5 408	13 315
浙　江	2 664	250 635	333 468	924	383 590	539 395	940	128 341	162 995
福　建	3 264	42 855	94 967	1 376	77 302	129 312	4 312	69 120	200 468
山　东	2 387	17 219	35 774	1 101	131 309	204 845	192	5 281	9 694
广　东	296	1 806	4 316	1 563	72 619	154 888	2 688	32 657	75 288
广　西				297	819	5	491	55 239	61 403
海　南	1 287	7 877	21 874	2 718	34 221	102 324	1 122	38 142	48 124
中农发集团	4	496	880	136	66 706	99 305	7	3 711	5 292

各地区内陆捕捞机动渔船年末拥有量(按功率分)

地区	44.1千瓦以下			44.1(含)~441千瓦			441千瓦(含)以上		
	艘	总吨	千瓦	艘	总吨	千瓦	艘	总吨	千瓦
全国总计	**215 606**	**741 450**	**2 592 794**	**3 039**	**102 485**	**230 342**	**11**	**3 117**	**5 506**
北　京									
天　津	1 630	1 088	10 204						
河　北	1 172	2 275	25 261						
山　西	127	139	928						
内蒙古	1 025	1 235	10 174						
辽　宁	1 934	3 814	14 486	13	825	1 141			
吉　林	2 779	3 363	38 069	27	62	1 478			
黑龙江	7 030	11 017	62 317	8	132	897			
上　海	365	2 250	5 370	64	1 546	3 727			
江　苏	45 917	235 070	619 105	1 566	38 675	118 261			
浙　江	5 868	11 304	58 059	3	62	246			
安　徽	15 420	76 238	177 427	1 068	43 407	72 545			
福　建	3 070	3 399	18 868	1	10	103			
江　西	23 514	123 601	340 888	5	67	417			
山　东	26 656	98 572	348 887	5	78	1 208			
河　南	2 972	15 577	46 513	34	124	1 686			
湖　北	16 036	34 496	148 199	14	78	5 029			
湖　南	17 250	53 765	203 509						
广　东	10 761	17 170	95 193	63	6 970	8 794	9	2 317	5 110
广　西	14 506	16 076	190 923						
海　南	32	282	233	145	10 027	10 025	2	800	396
重　庆	5 005	14 587	58 271	5	60	501			
四　川	6 549	5 859	46 114	5	15	287			
贵　州	3 171	3 952	41 158	2	6	105			
云　南	937	2 451	12 433						
西　藏									
陕　西	74	268	807						
甘　肃									
青　海	1 008	765	8 878						
宁　夏									
新　疆	798	2 837	10 520	11	341	3 892			

各地区远洋渔船年末拥有量

地　　区	2018 年		2017 年		2018 年比 2017 年增减(±)	
	艘	千瓦	艘	千瓦	艘	千瓦
全国总计	**2 654**	**2 740 326**	**2 491**	**2 551 789**	**163**	**188 537**
北　　京	14	12 867	14	12 867		
天　　津	16	8 836	16	8 836		
河　　北	20	22 166	18	20 566	2	1 600
辽　　宁	334	299 223	331	290 351	3	8 872
上　　海	76	94 911	70	111 702	6	-16 791
江　　苏	42	14 279	53	16 536	-11	-2 257
浙　　江	611	664 618	543	610 822	68	53 796
福　　建	514	585 499	494	543 098	20	42 401
山　　东	486	618 738	452	532 119	34	86 619
广　　东	214	154 472	165	125 534	49	28 938
广　　西	23	28 388	21	24 383	2	4 005
海　　南						
中农发集团	304	236 329	314	254 975	-10	-18 646

各地区辅助渔船年末拥有量

地　区	合　计			其　中					
				捕捞辅助船			渔业执法船		
	艘	总吨	千瓦	艘	总吨	千瓦	艘	总吨	千瓦
全国总计	**22 244**	**1 102 585**	**2 316 463**	**18 559**	**935 286**	**1 596 224**	**2 716**	**77 371**	**608 197**
北　京	20	98	1 735				20	98	1 735
天　津	53	2 505	9 743	41	1 584	5 617	10	921	4 126
河　北	798	29 572	73 813	752	27 867	65 846	44	1 554	7 749
山　西	11	67	1 108				11	67	1 108
内蒙古	65	777	6 344	13	277	736	52	500	5 608
辽　宁	854	65 574	189 004	733	53 984	122 786	116	11 590	66 218
吉　林	94	1 247	7 013	22	27	128	63	1 194	6 516
黑龙江	113	2 425	14 632	4	13	139	96	2 158	10 528
上　海	56	4 728	15 238	10	1 065	1 632	46	3 663	13 606
江　苏	6 646	52 347	146 489	6 382	46 516	97 963	264	5 831	48 526
浙　江	2 547	545 418	846 079	2 268	478 743	708 689	161	13 804	103 922
安　徽	497	4 558	19 461	388	3 064	8 549	109	1 494	10 912
福　建	2 499	180 977	340 590	1 908	142 470	234 219	74	5 537	46 109
江　西	136	1 419	13 815	29	54	153	107	1 365	13 662
山　东	466	96 510	163 516	306	87 755	102 175	150	8 295	59 486
河　南	107	1 117	8 292				107	1 117	8 292
湖　北	577	2 952	23 285	318	656	2 335	259	2 296	20 950
湖　南	196	1 491	15 962				196	1 491	15 962
广　东	4 147	80 420	283 587	3 777	73 180	205 768	213	4 937	69 593
广　西	1 017	8 704	47 172	874	4 289	11 968	134	4 336	34 852
海　南	197	14 254	35 709	160	12 280	22 729	24	1 384	12 120
重　庆	406	1 524	10 587	341	942	2 879	65	582	7 708
四　川	359	894	9 828	170	142	1 068	85	645	7 852
贵　州	121	1 245	11 633	12	5	62	104	1 123	10 729
云　南	142	780	11 336	43	215	594	99	565	10 742
西　藏									
陕　西	28	165	2 222	3	4	20	21	161	2 093
甘　肃	17	88	1 613				16	88	1 613
青　海	15	216	2 129				15	216	2 129
宁　夏	22	118	1 760				22	118	1 760
新　疆	38	395	2 768	5	154	169	33	241	1 991

各地区海洋辅助渔船年末拥有量

地区	合计			其中					
				捕捞辅助船			渔业执法船		
	艘	总吨	千瓦	艘	总吨	千瓦	艘	总吨	千瓦
全国总计	**11 909**	**1 040 824**	**2 005 640**	**10 636**	**898 183**	**1 508 152**	**535**	**50 730**	**392 051**
北　京									
天　津	37	2 478	9 209	34	1 560	5 517	3	918	3 692
河　北	761	29 220	70 552	747	27 857	65 746	13	1 312	4 688
辽　宁	780	64 063	180 858	689	53 134	118 826	91	9 843	61 239
上　海	20	3 754	9 650	7	910	1 362	13	2 844	8 288
江　苏	233	21 109	66 955	206	17 058	38 499	27	4 051	28 456
浙　江	2 234	543 489	833 689	2 083	478 365	706 156	72	12 563	94 985
福　建	2 474	180 871	338 809	1 903	142 451	234 178	54	5 450	43 177
山　东	388	95 277	155 199	306	87 755	102 175	77	7 432	51 291
广　东	3 900	79 079	270 329	3 650	72 936	204 090	137	3 892	58 250
广　西	892	7 736	35 949	856	4 260	9 584	26	1 110	26 365
海　南	190	13 748	34 441	155	11 897	22 019	22	1 315	11 620

各地区内陆辅助渔船年末拥有量

地区	合计			其中					
				捕捞辅助船			渔业执法船		
	艘	总吨	千瓦	艘	总吨	千瓦	艘	总吨	千瓦
全国总计	**10 335**	**61 761**	**310 823**	**7 923**	**37 103**	**88 072**	**2 181**	**26 641**	**216 146**
北　京	20	98	1 735				20	98	1 735
天　津	16	27	534	7	24	100	7	3	434
河　北	37	352	3 261	5	10	100	31	242	3 061
山　西	11	67	1 108				11	67	1 108
内蒙古	65	777	6 344	13	277	736	52	500	5 608
辽　宁	74	1 511	8 146	44	850	3 960	25	1 747	4 979
吉　林	94	1 247	7 013	22	27	128	63	1 194	6 516
黑龙江	113	2 425	14 632	4	13	139	96	2 158	10 528
上　海	36	974	5 588	3	155	270	33	819	5 318
江　苏	6 413	31 238	79 534	6 176	29 458	59 464	237	1 780	20 070
浙　江	313	1 929	12 390	185	378	2 533	89	1 241	8 937
安　徽	497	4 558	19 461	388	3 064	8 549	109	1 494	10 912
福　建	25	106	1 781	5	19	41	20	87	2 932
江　西	136	1 419	13 815	29	54	153	107	1 365	13 662
山　东	78	1 233	8 317				73	863	8 195
河　南	107	1 117	8 292				107	1 117	8 292
湖　北	577	2 952	23 285	318	656	2 335	259	2 296	20 950
湖　南	196	1 491	15 962				196	1 491	15 962
广　东	247	1 341	13 258	127	244	1 678	76	1 045	11 343
广　西	125	968	11 223	18	29	2 384	108	3 226	8 487
海　南	7	506	1 268	5	383	710	2	69	500
重　庆	406	1 524	10 587	341	942	2 879	65	582	7 708
四　川	359	894	9 828	170	142	1 068	85	645	7 852
贵　州	121	1 245	11 633	12	5	62	104	1 123	10 729
云　南	142	780	11 336	43	215	594	99	565	10 742
西　藏									
陕　西	28	165	2 222	3	4	20	21	161	2 093
甘　肃	17	88	1 613				16	88	1 613
青　海	15	216	2 129				15	216	2 129
宁　夏	22	118	1 760				22	118	1 760
新　疆	38	395	2 768	5	154	169	33	241	1 991

各地区非机动渔船年末拥有量

地　区	合　计		海洋渔业非机动渔船		内陆渔业非机动渔船	
	艘	总吨	艘	总吨	艘	总吨
全国总计	**307 742**	**387 120**	**4 604**	**9 539**	**303 138**	**377 581**
北　京	300	300			300	300
天　津	1 154	563			1 154	563
河　北	3 193	1 738			3 193	1 738
山　西	40	33			40	33
内 蒙 古	211	158			211	158
辽　宁	2 376	3 057	337	352	2 039	2 705
吉　林	2 575	1 576			2 575	1 576
黑 龙 江	1 828	1 123			1 828	1 123
上　海	46	26			46	26
江　苏	113 562	213 586	203	428	113 359	213 158
浙　江	14 726	20 708	311	499	14 415	20 209
安　徽	18 301	33 557			18 301	33 557
福　建	2 000	1 951	1 892	1 862	108	89
江　西	22 379	21 944			22 379	21 944
山　东	32 232	16 555	10	5	32 222	16 550
河　南	5 046	4 118			5 046	4 118
湖　北	44 165	31 022			44 165	31 022
湖　南	29 038	19 766			29 038	19 766
广　东	2 534	6 788	1 771	6 263	763	525
广　西	310	185			310	185
海　南	102	166	80	130	22	36
重　庆	602	498			602	498
四　川	2 872	1 783			2 872	1 783
贵　州	494	286			494	286
云　南	6 488	4 906			6 488	4 906
西　藏	28	83			28	83
陕　西	544	248			544	248
甘　肃	29	29			29	29
青　海	40	40			40	40
宁　夏	147	221			147	221
新　疆	380	106			380	106

3-4　渔业人口

全国渔业人口与从业人员

指　标	计量单位	2018 年	2017 年	2018 年比2017 年增减(±)	其中:海洋渔业		
					2018 年	2017 年	2018 年比2017 年增减(±)
1. 渔业乡	个	733	758	-25	392	391	1
2. 渔业村	个	7 965	8 277	-312	3 500	3 663	-163
3. 渔业户	户	4 760 200	4 860 410	-100 210	1 405 488	1 417 718	-12 230
4. 渔业人口	人	18 786 757	19 318 522	-531 765	5 509 305	5 558 764	-49 459
其中:传统渔民	人	6 182 854	6 521 381	-338 527	2 904 722	2 951 161	-46 439
5. 渔业从业人员	人	13 257 230	13 593 913	-336 683	3 743 107	3 776 371	-33 264
(1)专业从业人员	人	7 205 808	7 450 352	-244 544	2 258 023	2 295 780	-37 757
其中:女性	人	1 398 812	1 458 403	-59 591	344 893	338 823	6 070
其中:捕捞	人	1 628 474	1 678 360	-49 886	960 345	990 325	-29 980
养殖	人	4 742 727	4 901 871	-159 144	902 893	910 333	-7 440
其他	人	834 607	870 121	-35 514	394 785	395 122	-337
(2)兼业从业人员	人	4 465 631	4 584 230	-118 599	909 139	911 033	-1 894
(3)临时从业人员	人	1 585 791	1 559 331	26 460	575 945	569 558	6 387

各地区渔业人口与从业人员(一)

地　　区	1.渔业乡(个)	2.渔业村(个)	3.渔业户(户)	4.渔业人口(人)		5.渔业从业人员(人)
				小　计	其中:传统渔民	
全国总计	**733**	**7 965**	**4 760 200**	**18 786 757**	**6 182 854**	**13 257 230**
北　　京	9	34	2 464	9 123	2 079	9 232
天　　津		4	11 295	41 594	13 259	28 635
河　　北	37	228	63 280	263 146	155 237	204 974
山　　西			1 221	5 544		5 398
内 蒙 古	4	31	7 930	41 993	5 853	29 648
辽　　宁	130	671	177 721	677 520	294 431	527 043
吉　　林	1	4	22 120	83 847	952	67 999
黑 龙 江			50 130	188 448	152 643	127 338
上　　海		17	8 907	26 172	11 499	17 782
江　　苏	41	426	314 856	1 297 887	416 714	1 050 302
浙　　江	87	718	304 933	1 002 658	386 071	687 456
安　　徽	12	169	180 543	754 619	257 017	606 106
福　　建	54	600	418 262	1 694 572	881 359	922 086
江　　西	13	263	312 047	1 420 206	321 534	879 347
山　　东	93	1 346	452 119	1 676 554	643 978	1 412 728
河　　南	24	351	133 896	514 320	24 481	418 213
湖　　北	59	876	480 054	1 593 851	629 211	1 202 966
湖　　南	5	293	277 553	1 231 361	173 718	907 985
广　　东	88	1 004	502 831	2 258 525	977 002	1 250 222
广　　西	15	208	229 883	1 022 699	315 404	808 960
海　　南	23	311	91 218	429 692	201 139	249 354
重　　庆		9	131 331	430 659	10 999	346 240
四　　川	36	175	460 073	1 587 542	212 731	1 100 059
贵　　州		1	30 162	123 403	7 832	62 417
云　　南			66 472	287 920	68 534	240 787
西　　藏		1	48	142	142	114
陕　　西	2	223	21 212	81 209	14 530	55 091
甘　　肃			1 952	9 090	465	7 974
青　　海			106	3 750		3 504
宁　　夏			2 287	11 480		12 884
新　　疆		2	3 294	17 231	4 040	14 386

各地区渔业人口与从业人员(二)

单位:人

地 区	5.渔业从业人员(续)						
	(1)专业从业人员					(2)兼业从业人员	(3)临时从业人员
	小 计	其中:女性	a. 捕捞	b. 养殖	c. 其他		
全国总计	**7 205 808**	**1 398 812**	**1 628 474**	**4 742 727**	**834 607**	**4 465 631**	**1 585 791**
北 京	5 703	1 862	891	3 960	852	2 732	797
天 津	16 344	280	3 830	11 278	1 236	8 611	3 680
河 北	101 762	19 263	38 335	47 571	15 856	38 546	64 666
山 西	3 089	595	349	2 423	317	1 387	922
内蒙古	16 602	3 877	5 153	9 691	1 758	10 231	2 815
辽 宁	333 289	45 018	121 903	183 367	28 019	120 232	73 522
吉 林	18 245	2 565	3 688	13 140	1 417	43 519	6 235
黑龙江	85 309	25 700	19 364	56 451	9 494	34 929	7 100
上 海	14 648	1 136	4 479	9 380	789	2 486	648
江 苏	624 767	148 349	142 896	440 976	40 895	297 503	128 032
浙 江	434 923	79 307	154 957	175 699	104 267	153 631	98 902
安 徽	295 887	65 093	54 167	213 029	28 691	231 357	78 862
福 建	560 434	88 535	185 293	299 790	75 351	284 642	77 010
江 西	404 843	77 506	56 955	291 604	56 284	367 406	107 098
山 东	695 076	136 086	198 886	328 463	167 727	339 459	378 193
河 南	189 563	44 720	24 271	143 563	21 729	192 897	35 753
湖 北	807 355	200 494	66 677	697 224	43 454	280 758	114 853
湖 南	452 849	94 355	52 466	367 379	33 004	395 656	59 480
广 东	809 749	133 669	243 592	496 727	69 430	369 352	71 121
广 西	410 065	51 622	67 328	303 613	39 124	314 192	84 703
海 南	197 001	28 814	119 768	54 852	22 381	44 900	7 453
重 庆	176 500	60 255	11 703	151 742	13 055	121 885	47 855
四 川	377 226	63 034	21 463	308 240	47 523	649 590	73 243
贵 州	27 547	3 436	8 177	16 261	3 109	28 943	5 927
云 南	92 217	16 376	15 901	71 371	4 945	101 214	47 356
西 藏	73		73			41	
陕 西	32 170	3 451	1 254	28 660	2 256	18 560	4 361
甘 肃	3 515	575	328	2 878	309	3 050	1 409
青 海	2 523	227	2 124	349	50	931	50
宁 夏	7 184	1 292	470	6 170	544	4 145	1 555
新 疆	9 350	1 320	1 733	6 876	741	2 846	2 190

各地区海洋渔业人口与从业人员(一)

地　　区	1. 渔业乡（个）	2. 渔业村（个）	3. 渔业户（户）	4. 渔业人口(人)		5. 渔业从业人员(人)
				小　计	其中:传统渔民	
全国总计	**392**	**3 500**	**1 405 488**	**5 509 305**	**2 904 722**	**3 743 107**
北　　京						
天　　津		4	2 759	7 884	4 502	3 842
河　　北	12	70	38 091	146 373	113 328	134 736
山　　西						
内 蒙 古						
辽　　宁	82	365	119 590	496 263	295 517	352 658
吉　　林						
黑 龙 江						
上　　海		4	1 771	5 280	4 146	3 761
江　　苏	11	88	37 368	227 785	85 555	160 603
浙　　江	78	560	215 506	654 555	285 619	371 278
安　　徽						
福　　建	53	578	347 106	1 384 672	793 738	735 720
江　　西						
山　　东	60	857	281 434	902 823	372 248	1 019 108
河　　南						
湖　　北						
湖　　南						
广　　东	68	618	221 091	1 038 447	662 235	502 262
广　　西	5	110	64 890	309 240	87 518	260 156
海　　南	23	246	75 882	335 983	200 316	198 983
重　　庆						
四　　川						
贵　　州						
云　　南						
西　　藏						
陕　　西						
甘　　肃						
青　　海						
宁　　夏						
新　　疆						

各地区海洋渔业人口与从业人员(二)

单位:人

地　区	5. 渔业从业人员(续)						
	(1)专业从业人员					(2)兼业从业人员	(3)临时从业人员
	小　计	其中:女性	a.捕捞	b.养殖	c.其他		
全国总计	**2 258 023**	**344 893**	**960 345**	**902 893**	**394 785**	**909 139**	**575 945**
北　京							
天　津	2 974	86	1 281	773	920	788	80
河　北	64 889	2 976	25 916	26 357	12 616	12 962	56 885
山　西							
内蒙古							
辽　宁	233 550	37 206	106 129	105 304	22 117	64 211	54 897
吉　林							
黑龙江							
上　海	3 561	100	3 313		248	52	148
江　苏	91 250	22 878	45 922	37 481	7 847	53 637	15 716
浙　江	258 850	37 005	130 312	57 635	70 903	56 814	55 614
安　徽							
福　建	463 079	76 131	173 151	223 495	66 433	204 749	67 892
江　西							
山　东	436 399	80 823	129 537	167 949	138 913	314 274	268 435
河　南							
湖　北							
湖　南							
广　东	363 605	48 542	201 509	118 976	43 120	111 291	27 366
广　西	175 756	13 011	37 948	127 214	10 594	61 938	22 462
海　南	164 110	26 135	105 327	37 709	21 074	28 423	6 450
重　庆							
四　川							
贵　州							
云　南							
西　藏							
陕　西							
甘　肃							
青　海							
宁　夏							
新　疆							

第四部分

加工与贸易

4-1　水产品加工

全国水产加工情况

指　　标	计量单位	2018 年	2017 年	2018 年比 2017 年增减(±)	
				绝对量	幅度(%)
1.水产加工企业	个	9 336	9 674	-338	-3.49
水产品加工能力	吨/年	28 921 556	29 262 317	-340 761	-1.16
其中:规模以上加工企业	个	2 524	2 636	-112	-4.25
2.水产冷库	座	7 957	8 237	-280	-3.40
冻结能力	吨/日	868 930	937 190	-68 260	-7.28
冷藏能力	吨/次	4 671 761	4 657 017	14 744	0.32
制冰能力	吨/日	202 420	234 129	-31 709	-13.54
3.水产加工品总量	吨	21 568 505	21 962 522	-394 017	-1.79
淡水加工产品	吨	3 818 330	4 081 875	-263 545	-6.46
海水加工产品	吨	17 750 175	17 880 647	-130 472	-0.73
(1)水产冷冻品	吨	15 149 561	14 873 451	276 110	1.86
其中:冷冻品	吨	7 732 722	7 300 544	432 178	5.92
冷冻加工品	吨	7 416 839	7 572 907	-156 068	-2.06
(2)鱼糜制品及干腌制品	吨	3 079 607	3 252 542	-172 935	-5.32
其中:鱼糜制品	吨	1 455 460	1 541 893	-86 433	-5.61
干腌制品	吨	1 624 147	1 710 649	-86 502	-5.06
(3)藻类加工品	吨	1 106 594	1 100 541	6 053	0.55
(4)罐制品	吨	355 774	419 973	-64 199	-15.29
(5)水产饲料(鱼粉)	吨	649 934	639 165	10 769	1.68
(6)鱼油制品	吨	72 562	67 564	4 998	7.40
(7)其他水产加工品	吨	1 154 473	1 609 286	-454 813	-28.26
其中:助剂和添加剂	吨	70 151	105 406	-35 255	-33.45
珍珠	千克	152 400	180 829	-28 429	-15.72
4.用于加工的水产品总量	吨	26 534 066	26 800 176	-266 110	-0.99
其中:淡水产品	吨	5 543 884	5 734 971	-191 087	-3.33
海水产品	吨	20 990 182	21 065 205	-75 023	-0.36
5.部分水产品年加工量	吨	1 797 118	1 657 675	139 443	8.41
其中:对虾	吨	517 358	520 100	-2 742	-0.53
克氏原螯虾	吨	409 044	309 407	99 637	32.20
罗非鱼	吨	697 229	667 549	29 680	4.45
鳗鱼	吨	129 061	118 701	10 360	8.73
斑点叉尾鮰	吨	44 426	41 918	2 508	5.98

各地区水产加工品总量

单位:吨

地区	2018年		2017年		2018年比2017年增减(±)			
					绝对量		幅度(%)	
	水产加工品总量	其中:淡水加工产品	水产加工品总量	其中:淡水加工产品	水产加工品总量	其中:淡水加工产品	水产加工品总量	其中:淡水加工产品
全国总计	**21 568 505**	**3 818 330**	**21 962 522**	**4 081 875**	**-394 017**	**-263 545**	**-1.79**	**-6.46**
北京	2 020	1 645	2 073	1 675	-53	-30	-2.56	-1.79
天津	1 510	1 000	510		1 000	1 000	196.08	
河北	73 106	12 998	88 247	14 024	-15 141	-1 026	-17.16	-7.32
山西								
内蒙古	6 564	6 564	8 090	8 090	-1 526	-1 526	-18.86	-18.86
辽宁	2 488 199	36 566	2 448 498	36 585	39 701	-19	1.62	-0.05
吉林	250 815	1 975	237 716	1 776	13 099	199	5.51	11.20
黑龙江	10 102	10 102	7 625	7 625	2 477	2 477	32.49	32.49
上海	12 854	10 305	12 384	9 835	470	470	3.80	4.78
江苏	1 282 187	625 058	1 640 182	882 296	-357 995	-257 238	-21.83	-29.16
浙江	1 896 422	78 732	2 083 654	85 594	-187 232	-6 862	-8.99	-8.02
安徽	197 433	192 706	259 472	254 829	-62 039	-62 123	-23.91	-24.38
福建	4 127 756	193 342	3 677 613	165 468	450 143	27 874	12.24	16.85
江西	375 525	375 525	379 075	379 075	-3 550	-3 550	-0.94	-0.94
山东	6 773 128	107 266	6 993 534	121 058	-220 406	-13 792	-3.15	-11.39
河南	21 889	21 889	20 167	20 167	1 722	1 722	8.54	8.54
湖北	1 166 637	1 166 637	1 143 318	1 143 318	23 319	23 319	2.04	2.04
湖南	151 886	151 886	137 990	137 990	13 896	13 896	10.07	10.07
广东	1 446 350	352 372	1 526 477	377 776	-80 127	-25 404	-5.25	-6.72
广西	737 665	121 975	718 223	141 532	19 442	-19 557	2.71	-13.82
海南	476 760	280 090	484 518	200 006	-7 758	80 084	-1.60	40.04
重庆	687	687	1 098	1 098	-411	-411	-37.43	-37.43
四川	3 798	3 798	5 130	5 130	-1 332	-1 332	-25.96	-25.96
贵州	1 872	1 872	1 406	1 406	466	466	33.14	33.14
云南	42 406	42 406	73 996	73 996	-31 590	-31 590	-42.69	-42.69
西藏								
陕西	1 090	1 090	1 090	1 090				
甘肃								
青海	11 000	11 000	3 000	3 000	8 000	8 000	266.67	266.67
宁夏	96	96	116	116	-20	-20	-17.24	-17.24
新疆	8 748	8 748	7 320	7 320	1 428	1 428	19.51	19.51

各地区水产加工品总量(按品种分)(一)

单位:吨

地　　区	水产加工品总量	淡水加工品	海水加工品	1.水产冷冻品	冷冻品	冷冻加工品
全国总计	**21 568 505**	**3 818 330**	**17 750 175**	**15 149 561**	**7 732 722**	**7 416 839**
北　　京	2 020	1 645	375	2 020		2 020
天　　津	1 510	1 000	510	1 510	1 510	
河　　北	73 106	12 998	60 108	57 367	29 378	27 989
山　　西						
内 蒙 古	6 564	6 564		3 706	3 675	31
辽　　宁	2 488 199	36 566	2 451 633	1 903 788	638 004	1 265 784
吉　　林	250 815	1 975	248 840	232 537	143 256	89 281
黑 龙 江	10 102	10 102		6 100	6 100	
上　　海	12 854	10 305	2 549	12 854	3 054	9 800
江　　苏	1 282 187	625 058	657 129	639 289	411 322	227 967
浙　　江	1 896 422	78 732	1 817 690	1 446 997	1 015 460	431 537
安　　徽	197 433	192 706	4 727	140 854	60 801	80 053
福　　建	4 127 756	193 342	3 934 414	2 630 474	1 535 147	1 095 327
江　　西	375 525	375 525		132 944	62 134	70 810
山　　东	6 773 128	107 266	6 665 862	5 120 807	2 710 264	2 410 543
河　　南	21 889	21 889		20 442	7 743	12 699
湖　　北	1 166 637	1 166 637		549 462	233 245	316 217
湖　　南	151 886	151 886		85 807	56 327	29 480
广　　东	1 446 350	352 372	1 093 978	1 039 565	416 117	623 448
广　　西	737 665	121 975	615 690	645 248	167 089	478 159
海　　南	476 760	280 090	196 670	424 898	201 075	223 823
重　　庆	687	687		299	230	69
四　　川	3 798	3 798		3 261	525	2 736
贵　　州	1 872	1 872		1 071	970	101
云　　南	42 406	42 406		30 335	11 790	18 545
西　　藏						
陕　　西	1 090	1 090		1 090	1 090	
甘　　肃						
青　　海	11 000	11 000		11 000	11 000	
宁　　夏	96	96				
新　　疆	8 748	8 748		5 836	5 416	420

各地区水产加工品总量(按品种分)(二)

单位:吨

地　　区	2.鱼糜制品及干腌制品			3.藻类加工品	4.罐制品	5.鱼粉
		鱼糜制品	干腌制品			
全国总计	**3 079 607**	**1 455 460**	**1 624 147**	**1 106 594**	**355 774**	**649 934**
北　京						
天　津						
河　北	2 837		2 837		8 356	3 406
山　西						
内蒙古	995		995	1 728	135	
辽　宁	168 688	59 536	109 152	204 777	20 616	59 947
吉　林	18 139	4 160	13 979		139	
黑龙江	3 562	206	3 356		205	
上　海						
江　苏	130 583	24 528	106 055	28 606	18 889	1 457
浙　江	193 891	89 733	104 158	35 238	46 457	148 424
安　徽	36 127	17 063	19 064		5 262	15 172
福　建	726 637	421 493	305 144	452 142	65 725	8 751
江　西	211 176	75 070	136 106	1 466	13 996	
山　东	736 590	357 183	379 407	376 901	118 617	264 982
河　南	1 447	380	1 067			
湖　北	559 754	269 463	290 291		15 271	34 840
湖　南	60 467	20 808	39 659	500	3 391	326
广　东	172 340	90 521	81 819	4 580	37 036	77 995
广　西	36 916	17 915	19 001		664	
海　南	12 017	5 078	6 939			28 819
重　庆	374	1	373		14	
四　川	497	415	82		11	
贵　州	801	41	760			
云　南	5 409	1 759	3 650	656	542	3 625
西　藏						
陕　西						
甘　肃						
青　海						
宁　夏					96	
新　疆	360	107	253		352	2 190

各地区水产加工品总量(按品种分)(三)

单位:吨

地　　区	6.鱼油制品	7.其他水产加工品	其　中	
			助剂和添加剂	珍珠(千克)
全国总计	**72 562**	**1 154 473**	**70 151**	**152 400**
北　　京				
天　　津				
河　　北	95	1 045		
山　　西				
内 蒙 古				
辽　　宁	3 412	126 971		
吉　　林				
黑 龙 江		235		
上　　海				
江　　苏		463 363	15	38 000
浙　　江	3 663	21 752	4 925	929
安　　徽		18		18 000
福　　建		244 027	44 620	
江　　西		15 943		103
山　　东	63 505	91 726	15 260	
河　　南				
湖　　北		7 310	623	
湖　　南	5	1 390	200	89 000
广　　东	46	114 788		6 368
广　　西		54 837	4 498	
海　　南		11 026		
重　　庆				
四　　川		29		
贵　　州				
云　　南	1 836	3		
西　　藏				
陕　　西				
甘　　肃				
青　　海				
宁　　夏				
新　　疆		10	10	

各地区用于加工的水产品量

单位:吨

地　　区	用于加工的水产品量	淡水产品	海水产品
全国总计	**26 534 066**	**5 543 884**	**20 990 182**
北　京	2 220	1 845	375
天　津	1 510	1 000	510
河　北	177 431	9 071	168 360
山　西			
内蒙古	9 702	9 702	
辽　宁	3 852 002	47 595	3 804 407
吉　林	279 423	2 153	277 270
黑龙江	20 107	20 107	
上　海	14 020	10 305	3 715
江　苏	1 500 813	757 703	743 110
浙　江	1 747 122	95 093	1 652 029
安　徽	266 160	260 035	6 125
福　建	4 858 889	189 489	4 669 400
江　西	703 206	703 206	
山　东	7 751 109	87 834	7 663 275
河　南	34 822	34 822	
湖　北	2 153 329	2 153 329	
湖　南	174 293	174 293	
广　东	1 726 889	515 454	1 211 435
广　西	737 283	161 725	575 558
海　南	433 190	218 577	214 613
重　庆	1 250	1 250	
四　川	4 326	4 326	
贵　州	1 583	1 583	
云　南	65 331	65 331	
西　藏			
陕　西	990	990	
甘　肃			
青　海	13 000	13 000	
宁　夏	207	207	
新　疆	3 859	3 859	

各地区水产品加工企业、冷库基本情况

地　　区	水产品加工企业			水产品冷库			
	小计（个）	水产品加工能力（吨/年）	其中：规模以上加工企业（个）	数量（座）	冻结能力（吨/日）	冷藏能力（吨/次）	制冰能力（吨/日）
全国总计	**9 336**	**28 921 556**	**2 524**	**7 957**	**868 930**	**4 671 761**	**202 420**
北　　京	2	2 200	1	11	29	27 334	2
天　　津	4	1 500		3	190	180	40
河　　北	229	329 028	29	221	6 087	68 496	4 593
山　　西							
内 蒙 古	37	7 750	22	30	340	2 234	227
辽　　宁	823	3 097 829	320	620	60 963	613 976	18 295
吉　　林	103	307 095	39	50	230 374	231 780	115
黑 龙 江	40	9 017		20	165	1 630	170
上　　海	8	18 995	1	17	486	3 822	164
江　　苏	1 059	1 942 598	335	1 113	38 795	204 955	24 187
浙　　江	1 943	2 618 538	261	1 246	40 879	849 196	24 214
安　　徽	154	275 853	75	437	14 498	50 564	1 565
福　　建	1 157	5 340 948	401	797	60 039	487 494	21 202
江　　西	185	284 291	47	193	2 251	18 267	3 003
山　　东	1 724	8 214 130	547	1 820	212 214	1 371 467	47 157
河　　南	35	66 900	8	70	1 131	17 145	544
湖　　北	239	1 940 526	116	339	117 393	176 761	4 756
湖　　南	170	353 683	56	209	36 748	80 822	2 729
广　　东	1 023	2 239 707	156	519	21 615	338 153	41 490
广　　西	178	1 071 290	58	45	1 851	96 622	3 191
海　　南	123	554 271	19	67	5 514	14 841	4 063
重　　庆	8	3 945	4	22	12 840	5 662	38
四　　川	11	29 730	7	10	936	2 421	510
贵　　州	20	775	1	7	34	120	27
云　　南	46	171 025	15	48	1 970	3 655	96
西　　藏							
陕　　西	1	10		3	27	35	3
甘　　肃							
青　　海	2	13 000	2	4			25
宁　　夏	1	10 000	1	5	500	800	
新　　疆	11	16 922	3	31	1 061	3 329	14

4-2 水产品贸易

各地区水产品进出口贸易情况

单位:万美元,吨

地区	2018 年进出口		2017 年进出口		2018 年比 2017 年增减(±)			
					绝对量		幅度(%)	
	金额	数量	金额	数量	金额	数量	金额	数量
全国总计	**3 718 787.04**	**9 544 165**	**3 249 598.23**	**9 236 470**	**469 188.81**	**307 695**	**14.44**	**3.33**
北京	67 244.71	134 634	46 445.50	104 577	20 799.21	30 057	44.78	28.74
天津	66 179.57	164 846	19 893.88	45 176	46 285.69	119 671	232.66	264.90
河北	36 962.22	66 643	27 963.39	47 082	8 998.83	19 561	32.18	41.55
山西	32.96	51	158.06	611	-125.09	-560	-79.15	-91.64
内蒙古	9.00	16	19.50	33	-10.50	-17	-53.83	-50.73
辽宁	546 304.52	2 093 032	511 751.04	2 121 425	34 553.48	-28 392	6.75	-1.34
吉林	43 864.26	83 808	40 833.19	165 382	3 031.07	-81 575	7.42	-49.32
黑龙江	1 308.95	3 064	919.70	2 518	389.25	545	42.32	21.66
上海	252 749.42	444 033	183 166.94	431 790	69 582.48	12 243	37.99	2.84
江苏	64 212.96	139 180	57 897.29	114 009	6 315.67	25 170	10.91	22.08
浙江	257 172.44	681 678	232 042.72	655 920	25 129.72	25 758	10.83	3.93
安徽	9 433.02	18 532	5 455.82	12 645	3 977.20	5 887	72.90	46.56
福建	776 851.45	1 615 487	682 617.14	1 553 050	94 234.32	62 437	13.80	4.02
江西	20 507.88	7 750	19 086.48	8 039	1 421.39	-289	7.45	-3.60
山东	831 477.55	2 289 254	759 403.78	2 246 165	72 073.77	43 088	9.49	1.92
河南	2 964.24	5 500	3 401.67	9 232	-437.43	-3 732	-12.86	-40.43
湖北	12 458.04	14 882	19 250.49	25 216	-6 792.45	-10 334	-35.28	-40.98
湖南	10 190.66	18 897	8 294.31	10 237	1 896.36	8 661	22.86	84.60
广东	620 721.75	1 476 878	524 800.59	1 369 170	95 921.17	107 708	18.28	7.87
广西	27 584.72	79 763	37 274.63	110 168	-9 689.91	-30 406	-26.00	-27.60
海南	48 251.39	147 910	51 071.18	148 921	-2 819.79	-1 011	-5.52	-0.68
重庆	4 895.93	19 602	3 539.53	19 856	1 356.40	-254	38.32	-1.28
四川	10 256.24	20 836	7 969.53	20 964	2 286.72	-128	28.69	-0.61
贵州	441.46	150	39.28	98	402.18	52		
云南	4 297.71	7 986	5 147.68	9 480	-849.97	-1 494	-16.51	-15.76
陕西	484.71	311	171.39	186	313.32	125	182.82	66.93
甘肃	29.93	30	0.81		29.12	30		
青海	0.85		0.80		0.05			
宁夏	212.53	950	57.68	230	154.85	720	268.47	312.93
新疆	1 685.95	8 460	924.24	4 289	761.71	4 171	82.41	97.26

各地区水产品出口贸易情况

单位:万美元,吨

地区	2018 年出口		2017 年出口		2018 年比 2017 年增减(±)			
					绝对量		幅度(%)	
	金额	数量	金额	数量	金额	数量	金额	数量
全国总计	**2 232 640.71**	**4 322 014**	**2 115 009.27**	**4 339 378**	**117 629.40**	**-17 364**	**5.56**	**-0.40**
北京	237.36	2 577	278.95	255	-41.58	2 322	-14.91	909.19
天津	2 595.49	3 936	3 592.06	5 270	-996.57	-1 334	-27.74	-25.32
河北	26 004.90	31 612	25 694.55	37 456	310.35	-5 844	1.21	-15.60
山西	18.78	13	24.27	32	-5.49	-18	-22.62	-57.70
内蒙古	8.26	16						
辽宁	311 392.46	854 483	296 262.36	855 858	15 130.10	-1 376	5.11	-0.16
吉林	12 958.17	29 387	16 327.19	44 043	-3 369.02	-14 656	-20.63	-33.28
黑龙江	380.76	535	232.84	433	147.92	102	63.53	23.53
上海	10 223.76	8 754	10 605.05	8 191	-381.28	563	-3.60	6.88
江苏	44 834.48	53 281	37 271.22	48 347	7 563.25	4 935	20.29	10.21
浙江	203 152.22	498 874	185 685.22	500 441	17 467.00	-1 567	9.41	-0.31
安徽	7 084.51	4 668	4 165.94	3 578	2 918.57	1 090	70.06	30.46
福建	637 449.70	919 583	582 200.89	936 628	55 248.81	-17 045	9.49	-1.82
江西	20 352.78	7 333	18 051.97	7 144	2 300.81	189	12.75	2.64
山东	515 793.74	1 103 576	487 916.31	1 094 288	27 877.43	9 287	5.71	0.85
河南	177.49	134	407.80	272	-230.30	-138	-56.47	-50.60
湖北	9 501.46	6 852	17 197.58	16 831	-7 696.12	-9 978	-44.75	-59.29
湖南	1 579.49	1 292	3 104.57	1 785	-1 525.08	-494	-49.12	-27.65
广东	358 331.46	603 976	343 606.22	574 075	14 725.24	29 901	4.29	5.21
广西	20 337.56	42 316	29 776.73	53 019	-9 439.17	-10 704	-31.70	-20.19
海南	45 242.91	145 011	47 597.41	146 126	-2 354.50	-1 116	-4.95	-0.76
重庆	0.27		0.08		0.19		248.11	130.14
四川	3 322.34	1 543	2 982.07	1 586	340.28	-43	11.41	-2.74
贵州	18.23	82	24.43	98				
云南	1 246.90	1 835	1 815.68	3 480	-568.78	-1 645	-31.33	-47.27
陕西	13.87	22	0.85		13.03	21	1 540.03	4 838.13
甘肃								
青海								
宁夏	22.60	16	13.77	11	8.82	6	64.03	54.90
新疆	358.76	306	173.25	130	185.51	176	107.07	135.64

各地区水产品进口贸易情况

单位:万美元,吨

地区	2018年进口		2017年进口		2018年比2017年增减(±)			
					绝对量		幅度(%)	
	金额	数量	金额	数量	金额	数量	金额	数量
全国总计	**1 486 146.31**	**5 222 151**	**1 134 588.96**	**4 897 092**	**351 557.35**	**325 059**	**30.99**	**6.64**
北京	67 007.34	132 056	46 166.55	104 321	20 840.79	27 735	45.14	26.59
天津	63 584.08	160 911	16 301.82	39 905	47 282.26	121 005	290.04	303.23
河北	10 957.32	35 031	2 268.84	9 626	8 688.48	25 405	382.95	263.93
山西	14.18	38	133.78	579	-119.60	-542	-89.40	-93.50
内蒙古	0.75		19.50	33	-18.76	-33	-96.18	-99.94
辽宁	234 912.06	1 238 550	215 488.68	1 265 566	19 423.39	-27 017	9.01	-2.13
吉林	30 906.09	54 421	24 506.00	121 339	6 400.09	-66 919	26.12	-55.15
黑龙江	928.19	2 529	686.86	2 085	241.33	444	35.14	21.27
上海	242 525.66	435 279	172 561.90	423 599	69 963.76	11 680	40.54	2.76
江苏	19 378.48	85 898	20 626.07	65 663	-1 247.59	20 235	-6.05	30.82
浙江	54 020.22	182 805	46 357.50	155 479	7 662.71	27 326	16.53	17.58
安徽	2 348.51	13 863	1 289.87	9 066	1 058.63	4 797	82.07	52.91
福建	139 401.75	695 905	100 416.25	616 423	38 985.50	79 482	38.82	12.89
江西	155.10	417	1 034.51	895	-879.42	-478	-85.01	-53.44
山东	315 683.80	1 185 678	271 487.46	1 151 877	44 196.34	33 801	16.28	2.93
河南	2 786.75	5 366	2 993.87	8 960	-207.12	-3 595	-6.92	-40.12
湖北	2 956.58	8 030	2 052.91	8 385	903.67	-355	44.02	-4.24
湖南	8 611.17	17 606	5 189.73	8 451	3 421.44	9 154	65.93	108.32
广东	262 390.29	872 903	181 194.37	795 096	81 195.93	77 807	44.81	9.79
广西	7 247.16	37 447	7 497.90	57 149	-250.73	-19 702	-3.34	-34.48
海南	3 008.49	2 899	3 473.77	2 794	-465.28	105	-13.39	3.76
重庆	4 895.66	19 602	3 539.45	19 856	1 356.21	-254	38.32	-1.28
四川	6 933.90	19 294	4 987.46	19 378	1 946.44	-84	39.03	-0.43
贵州	423.23	68	14.85		408.38	68		
云南	3 050.81	6 151	3 332.00	6 001	-281.19	151	-8.44	2.51
陕西	470.84	289	170.54	186	300.30	103	176.08	55.69
甘肃	29.93	30	0.81		29.12			
青海	0.85		0.80		0.05			
宁夏	189.94	933	43.91	219	146.03	714	332.61	325.33
新疆	1 327.19	8 154	750.99	4 159	576.20	3 995	76.73	96.06

第五部分

科技与推广

5-1　科技

全国渔业科技基本情况

一、渔业科研机构个数(个)	**98**	其他	19 621
二、渔业科研机构从业人员(人)	**6 358**	非政府资金	453 815
1.科技活动人员	5 282	其中:技术性收入	318 042
按职称分:高级职称	1 809	2.生产经营收入	97 844
中级职称	2 014	3.其他收入	141 816
初级职称及其他	1 459	**四、科研机构固定资产情况**(千元)	
按学历分:研究生	1 585	年末固定资产合计	4 564 280
大学	1 929	**五、科技著述和专利申请情况**	
大专	587	发表科技论文(篇)	2 739
其他	350	其中:国外发表	683
2.生产经营活动人员	348	出版科技著作(种)	75
3.其他人员	728	专利受理数(件)	1 024
三、本年度收入(千元)	**3 217 380**	专利授权(件)	721
1.科技活动收入	2 977 720	其中:发明专利	333
政府资金	2 523 905	国外授权	13
财政拨款	1 829 935	拥有发明专利总数(件)	2 308
承担政府项目	674 349		

5-2 技术推广

各地区水产技术推广机构情况(按层级分)

单位:个

地区	数量			省级站		市级站		县级站		区域站		乡级站	
		专业站	综合站	专业站	综合站	专业站	综合站	专业站	综合站	专业站	综合站	专业站	综合站
全国	**11 976**	**2 442**	**9 534**	**33**	**3**	**243**	**51**	**1 376**	**582**	**73**	**109**	**717**	**8 789**
北京	14	8	6	1				7	6				
天津	13	12	1	1				11	1				
河北	226	81	145	1		11		62	82	7	63		
黑龙江	518	139	379	1		10		52	5			76	374
山西	67	41	26	1		10		25	10			5	16
内蒙古	92	62	30	1		8	4	53	26				
辽宁	370	127	243		1	13		45	15	5	9	63	219
吉林	639	57	582	1		9		47	1		4		577
山东	1113	261	852	1		14	1	107	24			139	827
上海	99	9	90	1				8	1				89
江苏	932	135	797	1		13		71	11	8		42	786
浙江	443	79	364	1		10		58	10	4	7	6	347
安徽	593	99	494	1		11	4	55	25	6	6	26	459
福建	772	155	617	1		8	1	69	4		2	77	610
江西	896	130	766	1		9	1	79	16	8	1	33	748
河南	133	98	35	1		18		79	33		2		
湖北	606	309	297	1		9	2	56	12	9		234	283
湖南	202	17	185		1	3		14	7				177
广东	798	118	680	1		17	3	62	33	25		13	644
广西	921	78	843	1		13	1	64	34				808
海南	34	10	24	1		2	1	7	4				19
重庆	616	20	596	1				19	19				577
四川	961	58	903	1		6	6	49	50	1	15	1	832
贵州	341	68	273	1		9		58	33				240
云南	182	122	60	1		14	2	107	14				44
陕西	104	76	28	1		11		64	28				
甘肃	78	31	47	1		8	5	21	42			1	
青海	10	1	9	1			1		8				
宁夏	38	4	34	1		1	4	2	16				14
新疆	25	21	4	1		6	2	14	2				
大连	27		27		1				6				20
青岛	63	8	55	1				6	1			1	54
宁波	33	6	27	1				5	2				25
深圳	1	1		1									
厦门	1		1	1									
新疆兵团	15	1	14	1			13		1				

各地区水产技术推广机构情况(按机构性质分)(一)

单位:个

地　　区	行政单位					
	合　计	省级站	市级站	县级站	区域站	乡级站
全　　国	**103**	**1**	**9**	**47**	**1**	**45**
北　　京						
天　　津						
河　　北	2			2		
黑 龙 江						
山　　西						
内 蒙 古	1		1			
辽　　宁	3			3		
吉　　林						
山　　东	14			5		9
上　　海						
江　　苏	2			1		1
浙　　江	7					7
安　　徽	2			2		
福　　建						
江　　西	3			3		
河　　南	11			10	1	
湖　　北	13			1		12
湖　　南						
广　　东	7			5		2
广　　西						
海　　南	18		1	3		14
重　　庆						
四　　川	15	1	4	10		
贵　　州						
云　　南						
陕　　西	1		1			
甘　　肃	3		1	2		
青　　海	1		1			
宁　　夏						
新　　疆						
大　　连						
青　　岛						
宁　　波						
深　　圳						
厦　　门						
新疆兵团						

各地区水产技术推广机构情况(按机构性质分)(二)

单位:个

地 区	事业单位						
	合 计	全额拨款					
		小 计	省级站	市级站	县级站	区域站	乡级站
全 国	**11 873**	**11 138**	**34**	**267**	**1 786**	**158**	**8 893**
北 京	14	14	1		13		
天 津	13	13	1		12		
河 北	224	187	1	10	124	52	
黑 龙 江	518	512	1	9	53		449
山 西	67	60	1	8	32		19
内 蒙 古	91	85	1	11	73		
辽 宁	367	341	1	12	57	14	257
吉 林	639	638	1	9	48	4	576
山 东	1 099	1 030	1	14	119		896
上 海	99	97	1		9		87
江 苏	930	823	1	13	73	8	728
浙 江	436	431	1	10	66	11	343
安 徽	591	543	1	15	73	12	442
福 建	772	770	1	9	72	2	686
江 西	893	869	1	10	90	9	759
河 南	122	103	1	16	85	1	
湖 北	593	350	1	10	38	5	296
湖 南	202	194	1	1	20		172
广 东	791	701	1	17	80	24	579
广 西	921	921	1	14	98		808
海 南	16	14		2	7		5
重 庆	616	615	1		37		577
四 川	946	942		7	86	16	833
贵 州	341	341	1	9	91		240
云 南	182	180	1	16	119		44
陕 西	103	99	1	9	89		
甘 肃	75	73	1	10	61		1
青 海	9	9	1		8		
宁 夏	38	38	1	5	18		14
新 疆	25	24	1	8	15		
大 连	27	27	1		6		20
青 岛	63	44	1		6		37
宁 波	33	33	1		7		25
深 圳	1	1	1				
厦 门	1	1	1				
新疆兵团	15	15	1	13	1		

各地区水产技术推广机构情况(按机构性质分)(三)

单位:个

地区	差额拨款						自收自支					
	小计	省级站	市级站	县级站	区域站	乡级站	小计	省级站	市级站	县级站	区域站	乡级站
全国	**607**	**1**	**13**	**89**	**7**	**497**	**128**		**5**	**36**	**16**	**71**
北京												
天津												
河北	21		1	17	3		16			1	15	
黑龙江	5		1	4			1					1
山西	3		1	1		1	4		1	2		1
内蒙古	6			6								
辽宁	21					21	5		1			4
吉林							1					1
山东	55		1	6		48	14			1		13
上海	2					2						
江苏	99			5		94	8			3		5
浙江	3					3	2			2		
安徽	21			2		19	27			3		24
福建	2			1		1						
江西	21			2		19	3					3
河南	11		1	10			8		1	7		
湖北	235		1	23	4	207	8			6		2
湖南	8		2	1		5						
广东	80		1	3		76	10		2	7	1	
广西												
海南	1	1					1			1		
重庆							1			1		
四川	4		1	3								
贵州												
云南	1			1			1			1		
陕西	4		1	3								
甘肃	2		2									
青海												
宁夏												
新疆							1			1		
大连												
青岛	2			1		1	17					17
宁波												
深圳												
厦门												
新疆兵团												

各地区水产技术推广经费情况(人员经费)

单位:万元

地　区	总　计	人员经费					
		合　计	省级站	市级站	县级站	区域站	乡级站
全　国	**335 038.54**	**243 932.73**	**24 214.86**	**52 955.40**	**84 321.79**	**3 698.42**	**78 742.26**
北　京	6 367.53	4 097.57	1 831.42	2 266.15			
天　津	5 440.16	3 320.56	508.94	2 811.62			
河　北	7 505.41	5 340.13	438.37	2 080.04	2 514.97	306.75	
黑龙江	5 471.00	4 433.80	346.80	659.60	2 461.10		966.30
山　西	2 696.82	1 634.78	165.22	665.78	726.00		77.78
内蒙古	10 872.11	8 883.13	1 228.65	2 848.59	4 805.89		
辽　宁	5 988.28	4 178.00	411.40	944.47	1 230.39	77.89	1 513.85
吉　林	11 583.00	9 177.60	410.00	1 435.30	1 610.30	83.50	5 638.50
山　东	23 084.43	19 429.07	472.90	2 872.16	7 586.58		8 497.43
上　海	14 213.06	9 594.86	4 376.08		3 483.18		1 735.60
江　苏	32 120.53	24 337.56	1 380.12	3 781.67	7 120.95	353.00	11 701.82
浙　江	18 089.06	12 022.98	356.25	1 964.65	4 604.25	323.00	4 774.83
安　徽	10 852.06	8 698.67	302.87	1 704.95	3 455.45	362.57	2 872.83
福　建	12 598.98	7 880.98	485.51	1 176.84	2 594.01	12.74	3 611.88
江　西	9 083.45	7 401.19	395.96	355.37	2 420.09	145.65	4 084.12
河　南	6 366.28	4 481.30	480.00	1 801.38	2 195.92	4.00	
湖　北	10 380.05	8 554.70	483.00	1 691.94	3 311.36	505.10	2 563.30
湖　南	3 665.01	2 619.47	293.07	519.15	689.68		1 117.57
广　东	33 681.00	24 222.00	1 558.00	13 159.00	3 916.00	348.00	5 241.00
广　西	14 754.67	11 454.16	229.34	1 294.39	2 528.08		7 402.35
海　南	1 182.60	511.60	130.00	236.60	130.60		14.40
重　庆	18 190.57	9 122.13	786.79		2 023.38		6 311.96
四　川	13 760.03	10 840.49	60.00	1 148.07	3 938.14	643.42	5 050.86
贵　州	8 373.23	6 146.56	171.67	500.73	2 208.21		3 265.95
云　南	13 566.93	10 468.49	323.37	1 932.64	7 243.69	532.80	435.99
陕　西	10 185.69	8 012.23	586.62	2 005.16	5 420.45		
甘　肃	5 648.56	4 418.49	778.86	1 492.46	2 142.17		5.00
青　海	1 414.64	697.99	355.92	18.00	324.07		
宁　夏	3 063.68	1 648.18	291.68	436.20	845.60		74.70
新　疆	3 489.94	2 234.90	971.61	946.54	316.75		
大　连	2 335.50	1 593.86	620.36		678.40		295.10
青　岛	2 518.26	2 048.01	325.42		513.45		1 209.14
宁　波	4 541.67	2 990.02	1 457.34		1 252.68		280.00
深　圳	1 324.50	976.00	976.00				
厦　门	95.74	81.14	81.14				
新疆兵团	534.11	380.13	144.18	205.95	30.00		

各地区水产技术推广经费情况(公共经费)

单位:万元

地 区	公共经费					
	合 计	省级站	市级站	县级站	区域站	乡级站
全 国	**22 856.11**	**2 990.13**	**4 861.68**	**8 061.71**	**427.39**	**6 515.20**
北 京	427.70	201.61	226.09			
天 津	205.92	82.09	123.83			
河 北	593.07	38.67	268.46	216.34	69.60	
黑 龙 江	306.00	19.30	72.50	188.90		25.30
山 西	135.66	26.82	79.98	28.86		
内 蒙 古	553.58	71.46	255.49	226.63		
辽 宁	339.93	92.20	108.70	85.48	7.57	45.98
吉 林	385.40	65.30	175.60	144.50		
山 东	991.68	48.80	195.41	438.87		308.60
上 海	1 135.93	556.52		410.70		168.71
江 苏	2 436.29	85.20	413.85	682.69	59.00	1 195.55
浙 江	1 850.31	553.31	219.02	721.49	21.00	335.49
安 徽	1 225.04	31.20	414.55	518.84	50.50	209.95
福 建	650.90	49.70	110.71	271.32	0.60	218.57
江 西	613.77	18.01	37.68	272.73	23.60	261.75
河 南	355.28	38.00	111.92	205.36		
湖 北	706.86	47.00	142.88	262.58	27.60	226.80
湖 南	457.87	14.62	57.14	148.31		237.80
广 东	1 708.00	30.00	560.00	438.00	10.00	670.00
广 西	1 010.15	29.39	97.10	242.05		641.61
海 南	174.50		168.90	5.00		0.60
重 庆	1 759.39	85.15		502.84		1 171.40
四 川	1 369.00	10.00	197.34	517.80	129.92	513.94
贵 州	431.53		79.38	226.05		126.10
云 南	656.38	27.63	214.24	362.36	28.00	24.15
陕 西	830.88	91.80	314.54	424.54		
甘 肃	279.28	22.15	107.47	149.66		
青 海	63.85	32.15		31.70		
宁 夏	136.30	38.20	31.50	63.20		3.40
新 疆	151.85	92.99	45.56	13.30		
大 连	161.04	88.20		56.24		16.60
青 岛	283.48	168.86		55.72		58.90
宁 波	250.31	76.66		119.65		54.00
深 圳	119.00	119.00				
厦 门	10.00	10.00				
新疆兵团	89.98	28.14	31.84	30.00		

各地区水产技术推广经费情况(项目经费)

单位:万元

地　　区	项目经费					
	合　计	省级站	市级站	县级站	区域站	乡级站
全　　国	**68 249.70**	**25 110.52**	**15 448.83**	**25 763.82**	**222.55**	**1 703.98**
北　　京	1 842.26	1 486.62	355.64			
天　　津	1 913.68	1 729.61	184.07			
河　　北	1 572.21	656.48	778.54	81.69	55.50	
黑 龙 江	731.20	223.60	65.70	441.90		
山　　西	926.38	352.58	319.80	254.00		
内 蒙 古	1 435.40	623.00	375.75	436.65		
辽　　宁	1 470.35	216.80	545.03	618.07	76.49	13.96
吉　　林	2 020.00	480.00	560.00	980.00		
山　　东	2 663.68	152.00	385.03	2 099.85		26.80
上　　海	3 482.27	2 115.77		1 363.15		3.35
江　　苏	5 346.68	308.00	1 652.40	3 010.81	60.00	315.47
浙　　江	4 215.77	1 383.89	710.00	1 971.88		150.00
安　　徽	928.35	75.46	355.84	458.05		39.00
福　　建	4 067.10	1 659.76	377.04	1 995.30		35.00
江　　西	1 068.49	591.69	123.00	353.80		
河　　南	1 529.70	270.00	295.50	964.20		
湖　　北	1 118.49	50.00	547.85	423.56		97.08
湖　　南	587.67	192.77	374.90	20.00		
广　　东	7 751.00	1 982.00	4 128.00	757.00		884.00
广　　西	2 290.36	289.36	485.18	1 515.82		
海　　南	496.50	377.00	101.00	18.50		
重　　庆	7 309.05	4 704.19		2 594.86		10.00
四　　川	1 550.54	39.00	268.36	1 086.30	30.56	126.32
贵　　州	1 795.14	1 315.00	15.00	465.14		
云　　南	2 442.06	201.13	458.40	1 779.53		3.00
陕　　西	1 342.58	22.00	386.21	934.37		
甘　　肃	950.79	249.25	603.99	97.55		
青　　海	652.80	640.80		12.00		
宁　　夏	1 279.20	179.40	895.60	204.20		
新　　疆	1 103.19	903.99	48.00	151.20		
大　　连	580.60	247.40		333.20		
青　　岛	186.77	145.77		41.00		
宁　　波	1 301.34	1 001.10		300.24		
深　　圳	229.50	229.50				
厦　　门	4.60	4.60				
新疆兵团	64.00	11.00	53.00			

各地区水产技术推广人员编制情况(按层级分)

单位:人

地 区	编制人数					
	合 计	省级站	市级站	县级站	区域站	乡级站
全 国	**34 185**	**1 800**	**3 810**	**12 730**	**599**	**15 246**
北 京	210	76	134			
天 津	142	25	117			
河 北	1 003	37	164	689	113	
黑龙江	1 109	26	87	418		578
山 西	365	16	107	202		40
内蒙古	995	61	281	653		
辽 宁	985	32	150	268	38	497
吉 林	1 591	32	143	327	16	1 073
山 东	2 957	21	208	1 124		1 604
上 海	826	535		172		119
江 苏	2 526	52	195	662	32	1 585
浙 江	936	31	83	364	45	413
安 徽	1 377	18	153	512	43	651
福 建	1 529	33	126	393	2	975
江 西	1 758	20	60	586	38	1 054
河 南	992	38	210	738	6	
湖 北	1 308	30	137	442	34	665
湖 南	583	16	43	113		411
广 东	2 476	50	344	640	88	1 354
广 西	2 387	18	111	461	23	1 774
海 南	71	6	17	30		18
重 庆	884	38		282		564
四 川	1 686	10	132	647	121	776
贵 州	1 367	12	84	506		765
云 南	1 088	23	205	809		51
陕 西	1 255	109	198	948		
甘 肃	613	120	156	333		4
青 海	57	20	3	34		
宁 夏	205	28	44	118		15
新 疆	235	76	83	76		
大 连	159	76		52		31
青 岛	274	20		67		187
宁 波	147	44		61		42
深 圳	35	35				
厦 门	6	6				
新疆兵团	48	10	35	3		

各地区水产技术推广实有人员情况（按层级分）

单位：人

地　区	实有人数					
	合　计	省级站	市级站	县级站	区域站	乡级站
全　国	**31 786**	**1 249**	**3 565**	**12 301**	**504**	**14 167**
北　京	175	71	104			
天　津	162	21	141			
河　北	885	36	160	564	125	
黑龙江	1 001	19	62	422		498
山　西	322	15	93	196		18
内蒙古	914	57	251	606		
辽　宁	923	30	144	254	43	452
吉　林	1 553	29	133	302	16	1 073
山　东	2 916	21	241	1 062		1 592
上　海	405	142		144		119
江　苏	2 323	48	169	619	24	1 463
浙　江	944	29	79	371	44	421
安　徽	1 138	14	125	492	41	466
福　建	1 129	28	116	352	2	631
江　西	1 585	17	55	540	25	948
河　南	971	31	213	723	4	
湖　北	1 595	28	124	578	28	837
湖　南	560	16	46	107		391
广　东	2 320	43	302	592	79	1 304
广　西	2 107	13	109	435	22	1 528
海　南	90	15	25	37		13
重　庆	830	37		233		560
四　川	1 704	5	108	593	51	947
贵　州	1 057	7	69	400		581
云　南	1 033	20	194	777		42
陕　西	1 477	62	211	1 204		
甘　肃	603	85	151	365		2
青　海	52	19	2	31		
宁　夏	195	30	44	108		13
新　疆	195	65	74	56		
大　连	149	70		50		29
青　岛	264	18		37		209
宁　波	134	55		49		30
深　圳	37	37				
厦　门	6	6				
新疆兵团	32	10	20	2		

各地区水产技术推广实有人员情况(按技术职称和文化程度分)

单位:人

地区	技术职称					文化程度					
	正高级	副高级	中级	初级	其他	博士	硕士	本科	大专	中专	其他
全国	**464**	**2 956**	**9 979**	**9 618**	**8 769**	**73**	**1 266**	**9 627**	**12 310**	**5 265**	**3 245**
北京	4	29	40	37	65	3	29	90	29	6	18
天津	6	45	43	33	35	1	6	119	23	10	3
河北	38	110	278	228	231	1	19	350	278	150	87
黑龙江	20	129	398	291	163	1	14	329	494	135	28
山西	3	19	108	104	88		4	127	108	53	30
内蒙古	13	122	243	144	392		27	342	396	77	72
辽宁	33	58	345	279	208		44	305	412	120	42
吉林	24	130	540	563	296	1	42	291	603	391	225
山东	27	205	936	1 011	737	7	110	905	1 099	481	314
上海	13	62	117	148	65	10	76	164	91	37	27
江苏	69	287	883	727	357	9	162	721	959	293	179
浙江	31	117	357	227	212	5	84	463	282	73	37
安徽	25	154	442	293	224		34	344	505	162	93
福建	8	160	342	377	242	3	62	408	349	241	66
江西	17	77	392	549	550		26	346	574	396	243
河南	11	86	301	227	346	1	26	303	375	147	119
湖北	5	46	381	606	557	2	18	184	600	498	293
湖南	1	23	153	277	106		20	101	230	134	75
广东	28	125	400	677	1 090	19	101	692	664	433	411
广西	10	38	748	888	423		22	492	1 155	343	95
海南	1	7	15	25	42	2	11	26	20	15	16
重庆	7	100	379	177	167	1	39	268	306	167	49
四川	5	110	552	610	427		47	474	790	291	102
贵州	3	112	482	316	144		32	360	548	97	20
云南	13	303	381	165	171		22	394	438	124	55
陕西	6	66	264	285	856		24	291	483	236	443
甘肃	7	71	167	114	244		19	249	211	78	46
青海	1	10	14	15	12		3	25	19	4	1
宁夏	8	61	66	38	22		5	134	46	9	1
新疆	8	25	43	40	79	1	33	88	53	7	13
大连	4	11	44	43	47	1	43	45	44	12	4
青岛	1	11	63	65	124	1	23	83	97	39	21
宁波	11	34	34	24	31	4	28	69	16	5	12
深圳	1	3	13	9	11		8	19	6		4
厦门		2	4				1	3	2		
新疆兵团	2	8	11	6	5		2	23	5	1	1

各地区水产技术推广实有人员情况（按性别和年龄分）

单位：人

地　　区	性　别		年龄结构		
	男　性	女　性	35岁及以下	36~49岁	50岁以上
全　　国	**23 269**	**8 517**	**6 163**	**16 601**	**9 022**
北　　京	95	80	48	77	50
天　　津	91	71	37	74	51
河　　北	551	334	184	427	274
黑 龙 江	694	307	144	563	294
山　　西	221	101	48	198	76
内 蒙 古	593	321	116	387	411
辽　　宁	660	263	171	501	251
吉　　林	1 175	378	147	904	502
山　　东	2 073	843	577	1 699	640
上　　海	305	100	121	119	165
江　　苏	1 740	583	379	1 064	880
浙　　江	765	179	284	317	343
安　　徽	882	256	100	692	346
福　　建	869	260	267	523	339
江　　西	1 306	279	310	771	504
河　　南	631	340	164	601	206
湖　　北	1 212	383	205	856	534
湖　　南	480	80	72	297	191
广　　东	1 786	534	629	1 162	529
广　　西	1 613	494	505	1 191	411
海　　南	62	28	25	42	23
重　　庆	603	227	210	355	265
四　　川	1 316	388	366	953	385
贵　　州	756	301	297	512	248
云　　南	714	319	146	574	313
陕　　西	933	544	261	922	294
甘　　肃	409	194	121	307	175
青　　海	30	22	8	32	12
宁　　夏	124	71	29	94	72
新　　疆	130	65	60	108	27
大　　连	102	47	44	54	51
青　　岛	196	68	40	140	84
宁　　波	103	31	31	48	55
深　　圳	26	11	8	18	11
厦　　门	1	5	1	3	2
新疆兵团	22	10	8	16	8

各地区水产技术推广机构自有试验示范基地情况

单位:个,公顷

地区	合计		省级站		市级站		县级站		区域站		乡级站	
	数量	养殖面积	数量	养殖面积	数量	养殖面积	数量	养殖面积	数量	养殖面积	数量	养殖面积
全　国	**555**	**11 397.0**	**33**	**1 276.3**	**84**	**1 118.7**	**346**	**6 359.2**	**5**	**30**	**87**	**2 612.8**
北　京	4	24.3	2	19.3	2	5.0						
天　津	3	66.7			3	66.7						
河　北	11	310.3	2	7.7	1	1.0	3	271.6	5	30		
黑龙江	9	215.0	1	16.0	4	19.0	4	180.0				
山　西	5	105.5			2	22.0	3	83.5				
内蒙古	11	248.9	1	20.0	3	37.3	7	191.6				
辽　宁	11	97.3			5	24.6	6	72.7				
吉　林	8	112.0			1	2.0	7	110.0				
山　东	23	2 037.6			3	204.1	19	1 823.5			1	10.0
上　海	11	122.7	3	79.8			4	29.9			4	13.0
江　苏	34	2 614.3	1	35.0	5	219.3	9	445.1			19	1 914.8
浙　江	12	111.7	2	22.4			10	89.3				
安　徽	12	542.6					9	142.6			3	400.0
福　建	14	101.8			2	26.6	12	75.2				
江　西	28	299.7	1	7.0			12	107.7			15	185.0
河　南	31	263.6			6	32.7	25	230.8				
湖　北	52	1 100.2			4	45.4	31	1 054.8			17	
湖　南	5	50.6			2	6.6	3	44.0				
广　东	119	617.0	1	2.0	17	213.0	74	332.0			27	70.0
广　西	10	40.1			2	15.7	8	24.4				
海　南	5	20.0	3		1	10.0	1	10.0				
重　庆	7	43.7					7	43.7				
四　川	37	594.7	1	29.0	3	25.8	33	539.9				
贵　州	15	74.9			3	8.0	12	66.9				
云　南	30	124.6	1	6.0	4	18.8	25	99.8				
陕　西	21	229.5	3	113.0	4	26.2	14	90.3				
甘　肃	8	106.6	3	100.0	3	3.4	2	3.2				
青　海	1	0.4	1	0.4								
宁　夏	1	40.0					1	40.0				
新　疆	7	315.8	1	146.7	1	12.5	5	156.7				
大　连	2	400.0	2	400.0								
青　岛	1	20.0									1	20.0
宁　波	1	3.5	1	3.5								
深　圳	2	245.0	2	245.0								
厦　门												
新疆兵团	4	96.5	1	23.5	3	73.0						

各地区水产技术推广机构合作试验示范基地情况

单位：个，公顷

地　区	合　计		省级站		市级站		县级站		区域站		乡级站	
	数量	养殖面积	数量	养殖面积	数量	养殖面积	数量	养殖面积	数量	养殖面积	数量	养殖面积
全　国	**2 527**	**113 822.2**	**91**	**11 577.5**	**285**	**7 834.2**	**1 469**	**75 277.9**	**12**	**50.3**	**670**	**19 082.4**
北　京	8	17.0			8	17.0						
天　津	11	953.0			11	953.0						
河　北	65	924.5	16	286.8	17	145.7	32	492.0				
黑龙江	5	460.0					5	460.0				
山　西	11	124.0			5	16.6	6	107.4				
内蒙古	15	1 036.3	2	370.0			13	666.3				
辽　宁	70	2 036.5			13	713.3	51	1 275.2	4		2	48.0
吉　林	82	5 550.0	3	450.0	7	600.0	72	4 500.0				
山　东	177	13 284.3			17	330.0	120	12 076.1			40	878.2
上　海	53	680.8	15	361.3			15	189.8			23	129.7
江　苏	70	1 967.9			14	520.0	29	895.3			27	552.6
浙　江	180	4 603.2	3	61.9	17	85.3	142	4 323.5	3	35.3	15	97.2
安　徽	170	9 290.7			13	658.0	96	6 501.1			61	2 131.6
福　建	141	2 206.0	25	785.6	5	51.7	106	1 363.7			5	5.0
江　西	232	14 790.8	1	67.0	29	325.0	108	7 098.8	5	15.0	89	7 285.0
河　南	82	7 098.8	1	15.0	12	310.6	69	6 773.2				
湖　北	376	21 637.5			26	742.0	133	14 032.5			217	6 863.0
湖　南	30	9 216.4	4	8 500.0	1	23.4	18	543.0			7	150.0
广　东	164	2 454.0	5	350.0	36	952.0	89	1 072.0			34	80.0
广　西	86	1 655.8			26	511.0	45	994.8			15	150.0
海　南	5	40.0			4	29.0	1	11.0				
重　庆	77	947.4	1	8.0			60	787.3			16	152.1
四　川	196	2 169.2	3	20.0			80	1 645.2			113	504.0
贵　州	20	167.3			5	100.0	15	67.3				
云　南	31	2 845.0			4	18.4	22	2 806.6			5	20.0
陕　西	41	2 008.8			6	613.1	35	1 395.7				
甘　肃	40	239.9			6	66.1	34	173.8				
青　海	1	12.5					1	12.5				
宁　夏	7	1 013.2	1	16.2	2	20.0	4	977.0				
新　疆	19	477.4	10	285.0	1	33.0	8	159.4				
大　连	11	308.7	1	0.7			10	308.0				
青　岛	9	3 116.0					8	3 080.0			1	36.0
宁　波	42	489.4					42	489.4				
深　圳												
厦　门												
新疆兵团												

各地区水产技术推广机构房屋条件情况(一)

单位:米²

地　区	办公用房面积					
	合　计	省级站	市级站	县级站	区域站	乡级站
全　国	**460 119**	**39 381**	**75 873**	**146 896**	**5 016**	**192 954**
北　京	4 378	375	4 003			
天　津	1 043	210	833			
河　北	8 050	700	2 019	4 276	1 055	
黑龙江	2 529	142	341	2 046		
山　西	3 226	115	2 070	1 032		9
内蒙古	11 301	461	3 988	6 852		
辽　宁	26 170	2 557	2 809	3 561	363	16 880
吉　林	14 688	1 326	3 457	3 080	155	6 670
山　东	32 635	635	2 292	13 385		16 324
上　海	13 198	6 059		5 457		1 682
江　苏	34 485	235	3 701	6 591	1 236	22 722
浙　江	10 047	383	1 792	5 137	520	2 215
安　徽	21 302	176	2 371	6 526	420	11 809
福　建	18 968	3 368	5 536	3 688	15	6 361
江　西	18 305	2 470	525	4 791	175	10 344
河　南	10 335	300	1 804	8 196	35	
湖　北	27 075	571	3 777	13 367		9 360
湖　南	7 635	200	2 148	973		4 314
广　东	26 434	500	6 772	6 843	122	12 197
广　西	52 186	2 400	973	3 330		45 483
海　南	1 311	180	840	171		120
重　庆	17 968	1 178		3 680		13 110
四　川	18 392	60	2 946	8 599	920	5 867
贵　州	8 808	300	2 349	3 453		2 706
云　南	20 612	462	5 971	12 558		1 620
陕　西	17 728	899	4 741	12 088		
甘　肃	6 479	858	2 908	2 443		271
青　海	2 184	1 680	50	454		
宁　夏	2 372	660	522	1 091		99
新　疆	7 698	2 300	4 031	1 367		
大　连	2 225	1 460		715		50
青　岛	3 294	450		223		2 621
宁　波	3 489	2 476		893		120
深　圳	3 000	3 000				
厦　门	58	58				
新疆兵团	509	175	304	30		

各地区水产技术推广机构房屋条件情况(二)

单位:个

地　区	培训教室					
	合　计	省级站	市级站	县级站	区域站	乡级站
全　国	**1 344**	**37**	**84**	**391**	**29**	**803**
北　京	6	3	3			
天　津	6	1	5			
河　北	16		1	10	5	
黑龙江						
山　西	6		3	3		
内蒙古	1			1		
辽　宁	9	1		4	4	
吉　林	2	1	1			
山　东	74		2	32		40
上　海	33	5		5		23
江　苏	161	1	5	15	4	136
浙　江	68	3	2	23	1	39
安　徽	123	1	1	19	6	96
福　建	104	1	3	24		76
江　西	166	1		50		115
河　南	36		5	31		
湖　北	86		9	24		53
湖　南	8	1	3	4		
广　东	101	1	22	41		37
广　西	78	1	2	16		59
海　南	1		1			
重　庆	16	1		9		6
四　川	157	2	3	23	9	120
贵　州	8			8		
云　南	13	1	4	8		
陕　西	25	2	3	20		
甘　肃	7		3	4		
青　海	2	1		1		
宁　夏	4	1		3		
新　疆	8	1	2	5		
大　连	3	1		2		
青　岛	3					3
宁　波	11	5		6		
深　圳						
厦　门						
新疆兵团	2	1	1			

各地区水产技术推广机构房屋条件情况(三)

单位:米^2

地　区	培训教室面积					
	合　计	省级站	市级站	县级站	区域站	乡级站
全　国	**100 689**	**4 445**	**6 266**	**28 090**	**1 663**	**60 224**
北　京	422	182	240			
天　津	414	30	384			
河　北	690		20	640	30	
黑龙江						
山　西	263		169	94		
内蒙古	92			92		
辽　宁	673	60		263	350	
吉　林	80	30	50			
山　东	9 145		150	3 455		5 540
上　海	2 942	1 062		225		1 655
江　苏	12 355	96	480	900	213	10 666
浙　江	7 083	389	550	2 369	80	3 695
安　徽	9 200	50	30	1 340	720	7 060
福　建	10 068	135	285	2 528		7 120
江　西	8 932	400		2 536		5 996
河　南	2 847		284	2 563		
湖　北	6 956		604	1 694		4 658
湖　南	649	70	203	376		
广　东	7 931	200	1 579	2 088		4 064
广　西	4 178	270	53	1 273		2 582
海　南	50		50			
重　庆	950	80		690		180
四　川	8 941	20	170	1 671	270	6 810
贵　州	720			720		
云　南	1 034	120	434	480		
陕　西	1 131	120	205	806		
甘　肃	374		126	248		
青　海	290	200		90		
宁　夏	184	75		109		
新　疆	605	125	100	380		
大　连	100	30		70		
青　岛	198					198
宁　波	966	576		390		
深　圳						
厦　门						
新疆兵团	226	126	100			

各地区水产技术推广机构房屋条件情况(四)

单位:个

地区	实验室数量					
	合计	省级站	市级站	县级站	区域站	乡级站
全国	**2 028**	**127**	**230**	**1 263**	**37**	**371**
北京	9	2	7			
天津	22	5	17			
河北	31	1	8	17	5	
黑龙江	22	1		21		
山西	8		4	4		
内蒙古	13	1	4	8		
辽宁	35	1	8	22	4	
吉林	48	1	6	41		
山东	52	1	8	42		1
上海	90	48		40		2
江苏	215	2	16	58	6	133
浙江	104	1	9	40	4	50
安徽	177	14	8	62	6	87
福建	67	1	8	58		
江西	77	1	3	46	2	25
河南	45	1	10	33	1	
湖北	92	1	7	74		10
湖南	21	1	9	11		
广东	164	1	27	80		56
广西	397	13	18	363		3
海南	19	1	14	4		
重庆	30	1		29		
四川	93		2	82	9	
贵州	12		2	10		
云南	28	1	6	21		
陕西	83	11	16	56		
甘肃	8	1	4	3		
青海	6	1		5		
宁夏	12	2	4	6		
新疆	12	2	2	8		
大连	8	2		6		
青岛	12	2		6		4
宁波	9	2		7		
深圳	1	1				
厦门	2	2				
新疆兵团	4	1	3			

各地区水产技术推广机构房屋条件情况(五)

单位:米^2

地　区	实验室面积					
	合　计	省级站	市级站	县级站	区域站	乡级站
全　国	**168 422**	**33 542**	**29 127**	**88 769**	**893**	**16 092**
北　京	4 862	3 528	1 334			
天　津	779	140	639			
河　北	4 584	1 600	298	2 656	30	
黑 龙 江	943	628		315		
山　西	1 654		770	884		
内 蒙 古	1 914	1 350	230	334		
辽　宁	5 962	1 260	1 835	2 767	100	
吉　林	2 627	200	1 287	1 140		
山　东	8 031	80	2 647	5 267		37
上　海	1 950	1 272		653		25
江　苏	18 358	817	2 893	8 103	183	6 362
浙　江	17 800	6 241	2 756	7 534	20	1 249
安　徽	11 723	1 080	285	8 248	180	1 930
福　建	7 358	1 056	872	5 430		
江　西	8 212	990	62	6 183	260	717
河　南	3 470	900	601	1 939	30	
湖　北	8 556	30	454	7 916		156
湖　南	1 996	600	451	945		
广　东	18 377	120	5 173	7 740		5 344
广　西	6 462	450	775	5 107		130
海　南	1 737	840	669	228		
重　庆	3 907	915		2 992		
四　川	4 201		2 425	1 686	90	
贵　州	1 540		40	1 500		
云　南	2 228	231	264	1 733		
陕　西	2 403	300	733	1 369		
甘　肃	1 026	429	246	352		
青　海	924	700		224		
宁　夏	2 427	1 200	488	739		
新　疆	2 258	1 200	775	283		
大　连	5 102	2 440		2 662		
青　岛	1 787	550		1 095		142
宁　波	2 115	1 369		746		
深　圳	372	372				
厦　门	510	510				
新疆兵团	269	144	125			

各地区水产技术推广机构房屋条件情况(六)

单位:万元

地区	实验室设备原值					
	合计	省级站	市级站	县级站	区域站	乡级站
全国	**109 180.6**	**36 361.6**	**21 858.7**	**45 757.0**	**301**	**4 902.3**
北京	5 360.9	3 841.5	1 519.4			
天津	431.5	160.0	271.5			
河北	3 751.9	1 800.0	728.3	1 163.6	60	
黑龙江	810.0	600.0		210.0		
山西	373.0		205.6	167.4		
内蒙古	1 267.3	1 100.0	55.9	111.5		
辽宁	3 720.0	1 400.0	1 160.8	1 150.2	9	
吉林	1 610.5	180.0	850.0	580.5		
山东	6 263.1	550.0	1 599.7	4 113.4		
上海	1 947.8	1 287.9		651.3		8.6
江苏	9 477.6	1 199.0	1 162.6	5 931.7	38	1 146.4
浙江	12 108.9	6 000.0	1 541.6	4 110.5	4	452.8
安徽	3 722.1	641.2	153.4	2 542.1	30	355.5
福建	4 802.5	530.0	2 229.8	2 042.7		
江西	4 037.7	800.0	26.0	3 002.5	130	79.2
河南	2 535.6	1 000.0	125.1	1 390.5	20	
湖北	3 151.1	20.0	401.1	2 671.9		58.0
湖南	2 050.3	700.0	161.3	1 189.0		
广东	12 144.0	480.0	5 478.0	3 437.0		2 749.0
广西	3 401.5	85.7	809.8	2 485.1		21.0
海南	2 149.6	1 050.0	943.5	156.1		
重庆	2 201.2	1 062.0		1 139.2		
四川	2 169.1		955.0	1 204.1	10	
贵州	708.5		31.0	677.5		
云南	937.1	65.1	139.1	732.9		
陕西	1 535.0	187.1	648.6	699.3		
甘肃	496.7	300.0	113.5	83.2		
青海	1 265.4	1 238.4		27.0		
宁夏	1 047.9	450.0	198.3	399.6		
新疆	1 269.5	789.2	185.0	295.4		
大连	5 489.2	3 433.0		2 056.2		
青岛	1 806.2	1 000.0		774.4		31.8
宁波	1 773.7	1 212.5		561.2		
深圳	2 997.0	2 997.0				
厦门						
新疆兵团	367.2	202.2	165.0			

各地区水产技术推广机构信息平台情况

地　　区	网站(个)	手机平台(户)	电话热线(条)	技术简报(个)
全　　国	**577**	**5 634**	**27 927**	**3 177**
北　　京	1	8	12	7
天　　津	1	54	1 711	2
河　　北	15	101	119	23
黑 龙 江			4 650	
山　　西	7	47	933	7
内 蒙 古	8	59	108	23
辽　　宁	3	110	568	43
吉　　林	4	706	781	81
山　　东	42	974	2 906	107
上　　海	3	22	59	6
江　　苏	57	442	682	393
浙　　江	52	211	247	28
安　　徽	56	470	966	138
福　　建	1	121	257	66
江　　西	50	216	240	34
河　　南	23	154	586	160
湖　　北	20	205	903	161
湖　　南	2	49	352	14
广　　东	44	146	817	45
广　　西	13	522	438	57
海　　南	3	26	16	19
重　　庆	5	127	577	141
四　　川	31	249	3 633	163
贵　　州	10	126	4 380	323
云　　南	97	214	216	63
陕　　西	9	132	1 208	983
甘　　肃	1	27	61	24
青　　海	1	27	236	6
宁　　夏	6	28	31	29
新　　疆	2	10	164	18
大　　连	4	5	20	5
青　　岛	2	30	31	1
宁　　波	3	7	10	5
深　　圳	1	1	1	1
厦　　门		3		
新疆兵团		5	8	1

各地区水产技术推广履职成效情况(一)

地　　区	示范关键技术（个）	检验检测（批次）	指导面积（公顷）	服务对象		
				农户（户）	企业（个）	合作组织（个）
全　　国	**4 601**	**380 427**	**3 779 591.4**	**1 323 410**	**27 213**	**24 894**
北　　京	28	89 796	10 857.5	928	78	15
天　　津	38	5 444	21 385.2	3 608	138	121
河　　北	104	8 526	69 670.4	11 579	458	182
黑 龙 江	224	519	80 110.0	43 931	245	347
山　　西	20	214	4 737.9	788	58	135
内 蒙 古	29	1 178	85 796.6	3 627	159	228
辽　　宁	82	7 958	67 105.0	7 983	647	126
吉　　林	137	2 400	91 070.0	4 840	268	761
山　　东	486	6 869	455 908.5	62 336	1 187	1 243
上　　海	43	3 771	13 959.7	6 842	49	432
江　　苏	462	32 089	603 321.7	165 629	5 586	3 547
浙　　江	337	15 390	227 604.6	25 512	1 440	1 108
安　　徽	317	5 773	334 070.3	36 228	2 421	1 849
福　　建	188	7 683	78 582.4	23 837	2 057	905
江　　西	190	4 374	255 647.7	61 804	1 612	1 374
河　　南	171	1 518	93 665.4	45 025	358	712
湖　　北	416	16 809	505 887.3	133 979	1 519	4 302
湖　　南	46	5 957	33 630.0	13 547	475	383
广　　东	163	47 676	146 923.0	78 099	1 679	564
广　　西	311	92 132	132 137.3	123 199	1 451	1 667
海　　南	14	1 161	5 398.0	5 376	209	92
重　　庆	135	1 753	56 969.0	117 207	2 003	642
四　　川	136	3 985	88 713.1	63 627	554	2 046
贵　　州	63	460	89 567.1	225 884	676	584
云　　南	106	1 277	68 937.1	35 879	348	329
陕　　西	84	6 915	22 229.2	4 162	485	446
甘　　肃	70	384	4 152.3	1 992	222	238
青　　海	4	185	247.7	63	10	67
宁　　夏	84	1 130	34 983.2	2 628	139	182
新　　疆	15	620	19 348.6	676	74	80
大　　连	10	2 872	7 960.0	308	43	17
青　　岛	26	721	21 317.0	1 586	306	80
宁　　波	51	2 689	20 300.0	8 426	208	61
深　　圳	2	128	334.0	35	25	5
厦　　门		25	1 270.0	1 665	3	
新疆兵团	9	46	25 794.5	575	23	24

各地区水产技术推广履职成效情况(二)

地　　区	渔民技术培训		推广人员培训		公共信息服务		
	期数（期）	人数（人次）	业务培训（人次）	学历教育（人次）	信息覆盖用户(户)	发布公共信息(条)	发放技术资料(份)
全　　国	**16 702**	**1 018 636**	**59 303**	**3 266**	**1 394 783**	**5 201 905**	**5 306 757**
北　　京	50	2 551	380	1	1 857	45 014	12 760
天　　津	124	5 154	1 152	56	7 750	1 770	11 306
河　　北	273	13 766	713	53	4 193	8 613	35 214
黑 龙 江	366	21 950	1 742	141	135 397	5 596	97 741
山　　西	76	2 898	613	20	738	1 308	19 252
内 蒙 古	128	5 662	837	70	2 971	9 479	29 509
辽　　宁	144	6 555	666	20	8 256	83 825	56 834
吉　　林	151	7 300	2 565	49	16 301	19 695	24 300
山　　东	915	68 075	4 083	205	79 503	41 203	507 196
上　　海	453	19 195	1 991	23	4 331	8 229	55 044
江　　苏	2 463	184 964	8 067	384	148 026	526 788	712 370
浙　　江	757	44 726	4 804	40	46 056	79 604	100 148
安　　徽	857	62 098	2 298	278	69 379	119 341	280 908
福　　建	387	18 590	3 019	101	112 358	740 114	123 125
江　　西	634	39 008	4 746	115	61 475	41 927	274 881
河　　南	535	48 568	1 337	131	35 226	44 757	318 125
湖　　北	3 047	129 228	1 246	148	275 340	759 632	712 737
湖　　南	377	43 976	479	13	6 756	27 808	101 009
广　　东	805	54 775	3 337	384	87 663	1 131 984	223 747
广　　西	757	33 339	5 864	140	133 502	554 863	250 956
海　　南	71	6 932	128	6	2 980	1 151	16 606
重　　庆	392	18 571	1 140	61	26 259	615 210	123 669
四　　川	961	81 433	2 064	150	63 827	162 381	683 474
贵　　州	366	19 344	1 585	407	19 386	42 835	75 093
云　　南	778	45 109	1 399	23	23 904	41 787	155 412
陕　　西	252	11 102	985	64	6 120	33 648	157 897
甘　　肃	200	5 580	658	145	987	1 558	43 513
青　　海	20	875	292	13	523	2 161	5 665
宁　　夏	164	7 433	465	6	1 896	14 415	45 505
新　　疆	22	867	208	10	757	424	15 682
大　　连	29	1 194	69	1	864	5 824	4 612
青　　岛	48	2 887	60	6	2 787	11 890	11 055
宁　　波	54	3 042	243		6 090	5 429	10 112
深　　圳	12	723	26	2	371	9 556	8 840
厦　　门	16	570	19		378	1 895	1 320
新疆兵团	18	596	23		576	191	1 140

各地区水产技术推广机构技术成果

地　　区	技术成果数量（个）	审定新品种（个）	获奖情况（个）				获得专利（项）	发表论文（篇）	制定标准/规范（个）	出版图书（本）
			国家级	省部级	市厅级	县级				
全　　国	**148**	**7**	**12**	**67**	**83**	**74**	**189**	**1 450**	**233**	**120**
北　　京	4						2	12	4	
天　　津										
河　　北	5			1	4		5	53	15	1
黑 龙 江					4		2	122		
山　　西								11		
内 蒙 古								8	17	
辽　　宁	10						5	16	13	2
吉　　林			5	22	6	2		18	3	
山　　东	7				3	1	32	76	6	1
上　　海	13		1	2	2		17	44		
江　　苏	12	1		4	7	21	21	221	32	14
浙　　江	12		2	1	8	3	7	61	12	5
安　　徽	13	1		6	7	4	30	180	15	2
福　　建	5			3				72	10	6
江　　西	8			4	9		2	46	9	5
河　　南	2	3		2	2	25	4	66	10	5
湖　　北	2		1		2	5	1	72	8	5
湖　　南										
广　　东	12	1	3	14	8		12	50	15	1
广　　西	13			1			5	60	9	4
海　　南	7						1	9		
重　　庆	1			2		13	6	59	4	6
四　　川	3				1			15	16	51
贵　　州	4			1	3		4	43	15	2
云　　南					2		7	25	6	3
陕　　西	2				1			12	2	1
甘　　肃	6						10	40		1
青　　海								2		
宁　　夏										
新　　疆							4	23	8	
大　　连	1						3	10	1	2
青　　岛		1		2	14		8	11		
宁　　波	6			2			1	13	3	3
深　　圳										
厦　　门										
新疆兵团										

第六部分

灾　害

各地区渔业灾情造成的经济损失(一)

单位:万元

地 区	1.水产品损失					
	小 计	台风、洪涝	病 害	干 旱	污 染	其 他
全国总计	**1 363 365.93**	**475 108.34**	**261 259.43**	**193 329.92**	**82 211.46**	**351 456.78**
北 京	872.00		872.00			
天 津	1 035.00		1 035.00			
河 北	126 336.10	7 757.00	3 154.10		1 380.00	114 045.00
山 西	106.00	56.00				50.00
内 蒙 古	1 551.00	365.00	171.00	843.00		172.00
辽 宁	235 568.60	238.00	9 048.00	102 503.00		123 779.60
吉 林	259.00			259.00		
黑 龙 江	3 385.00	3 385.00				
上 海	1 889.58	331.00	1 457.00		101.58	
江 苏	145 306.00	40 454.00	52 937.00	3 476.00	33 049.00	15 390.00
浙 江	48 976.00	24 126.00	23 015.00	431.00	1 292.00	112.00
安 徽	64 571.18	18 919.42	16 944.26	9 176.07	18 168.09	1 363.34
福 建	56 438.00	34 954.00	9 284.00	1 378.00	10 090.00	732.00
江 西	127 302.35	32 256.31	57 635.56	31 009.75	1 699.35	4 701.38
山 东	143 737.00	56 471.00	18 434.00	6 634.00	13 300.00	48 898.00
河 南	7 199.00	1 480.00	4 303.00		641.00	775.00
湖 北	54 302.00	19 861.00	13 890.00	13 094.00	649.00	6 808.00
湖 南	82 423.00	44 650.00	5 895.00	19 200.00	397.00	12 281.00
广 东	173 285.35	127 830.16	25 389.27	1 744.80	953.76	17 367.36
广 西	10 795.26	2 952.02	5 739.74	108.60	133.10	1 861.80
海 南	2 047.80	1 040.00	964.80		43.00	
重 庆	4 704.00	2 756.00	1 381.00	141.00	208.00	218.00
四 川	45 427.56	40 145.16	3 605.50	1 676.90		
贵 州	4 725.72	3 069.17	278.90	581.30		796.35
云 南	13 147.85	7 511.29	3 077.44	708.00	85.12	1 766.00
西 藏						
陕 西	1 600.00	1 000.00	60.00	310.00	20.00	210.00
甘 肃	2 167.78	1 847.81	304.06	0.50	1.46	13.95
青 海						
宁 夏	1 784.00	1 653.00	131.00			
新 疆	2 423.80		2 252.80	55.00		116.00

各地区渔业灾情造成的经济损失(二)

单位:万元

地　区	2.(台风、洪涝)损毁渔业设施							
	小　计	池　塘	网箱(鱼排)	围　栏	沉　船	船　损	堤　坝	泵　站
全国总计	**212 697.03**	**105 005.41**	**47 306.80**	**5 687.00**	**3 046.50**	**11 170.52**	**8 478.53**	**125.00**
北　京								
天　津								
河　北	176.00	110.00						
山　西	5.00	5.00						
内蒙古	102.00	84.00					18.00	
辽　宁	1 238.00				308.00		130.00	
吉　林								
黑龙江	310.00	310.00						
上　海	40.00					29.00		
江　苏	8 229.00	2 632.00	219.00	3 653.00	15.00	1.00	212.00	
浙　江	16 714.00	1 443.00	6 412.00	50.00	1 132.00	379.00	413.00	
安　徽	8 355.05	2 390.00	207.00	1 199.00			786.00	9.00
福　建	35 615.00	8 891.00	12 142.00	1.00	1 071.00	7 471.00	117.00	
江　西	7 352.81	5 117.67	159.00	120.00		18.64	500.50	
山　东	6 588.00	2 602.00	54.00	5.00		121.00	1 489.00	
河　南	421.00	199.00	13.00	26.00			5.00	
湖　北	7 322.00	3 514.00			56.00	1 641.00	1 365.00	44.00
湖　南	15 078.00	9 511.00	1 473.00		29.00	203.00	1 150.00	51.00
广　东	71 629.82	56 676.64	6 906.00	393.00	44.50	1 246.78	1 816.28	17.00
广　西	649.43	333.52	143.30	5.00			54.00	
海　南	20 407.00	1 231.00	18 795.00		381.00			
重　庆	532.00	407.00		5.00		12.00	106.00	
四　川	8 232.35	8 052.15			10.00	2.10	56.80	
贵　州	569.29	220.00	3.00	10.00			4.00	
云　南	1 712.50	1 008.00	660.50				40.00	1.00
西　藏								
陕　西	630.00	70.00	120.00	220.00		20.00	180.00	
甘　肃	538.78	6.43					3.95	3.00
青　海								
宁　夏	224.00	192.00					32.00	
新　疆	26.00					26.00		

各地区渔业灾情造成的经济损失(三)

单位:万元

地 区	2.(台风、洪涝)损毁渔业设施(续)							直接经济损失合计
	涵 闸	码 头	护 岸	防波堤	工厂化养殖	苗种繁育场	其 他	
全国总计	**585.00**	**3 239.00**	**6 426.10**	**6 442.00**	**4 638.01**	**4 648.61**	**5 898.55**	**1 576 062.96**
北 京								872.00
天 津								1 035.00
河 北	20.00	6.00	10.00		10.00	20.00		126 512.10
山 西								111.00
内蒙古								1 653.00
辽 宁		50.00	150.00			600.00		236 806.60
吉 林								259.00
黑龙江								3 695.00
上 海							11.00	1 929.58
江 苏	1.00	2.00	110.00	320.00	213.00	450.00	401.00	153 535.00
浙 江		1 786.00	2 149.00	1 941.00		720.00	289.00	65 690.00
安 徽	5.00		352.00	330.00	2 238.00	42.00	797.05	72 926.23
福 建	45.00	515.00	1 281.00	2 496.00		818.00	767.00	92 053.00
江 西	18.00		134.00	45.00	399.00	15.00	826.00	134 655.16
山 东	1.00	282.00	1.00		1 536.00	489.00	8.00	150 325.00
河 南							178.00	7 620.00
湖 北	58.00		179.00	12.00	7.00	216.00	230.00	61 624.00
湖 南	41.00	298.00	525.00	142.00	70.00	313.00	1 272.00	97 501.00
广 东	388.00	300.00	1 529.50	1 137.00	64.22	236.90	874.00	244 915.17
广 西						48.81	64.80	11 444.69
海 南								22 454.80
重 庆	2.00							5 236.00
四 川	3.00		3.60	15.00		55.00	34.70	53 659.91
贵 州				2.00	100.79	137.50	92.00	5 295.01
云 南	3.00							14 860.35
西 藏								
陕 西							20.00	2 230.00
甘 肃			2.00	2.00		487.40	34.00	2 706.56
青 海								
宁 夏								2 008.00
新 疆								2 449.80

各地区渔业灾情造成的数量损失(一)

地　　区	1.受灾养殖面积(公顷)						2.水产品损失(吨)		
	小　计	台风、洪涝	病　害	干　旱	污　染	其　他	小　计	台风、洪涝	病　害
全国总计	**606 791**	**257 658**	**153 192**	**87 154**	**21 810**	**86 977**	**834 383**	**373 458**	**204 976**
北　　京	430		430				266		266
天　　津	1 261	1 261					1 021		1 021
河　　北	20 121	2 491	1 181		172	16 277	62 839	8 609	1 316
山　　西	7	7					60	35	
内 蒙 古	2 504	208	54	1 549		693	933	221	71
辽　　宁	38 226	67	1 099	27 606		9 454	61 059	220	11 909
吉　　林	680			680			179		
黑 龙 江	827	827					2 601	2 601	
上　　海	900	22	853		25		616	82	518
江　　苏	67 509	25 379	27 118	2 631	8 738	3 643	58 127	19 116	28 878
浙　　江	14 999	6 065	7 637	731	66	500	15 460	5 504	9 550
安　　徽	45 585	12 263	14 234	9 622	6 605	2 861	49 654	17 645	12 853
福　　建	7 290	3 450	1 190	416	2 190	44	55 377	30 537	7 142
江　　西	78 175	14 643	41 973	19 209	866	1 484	120 790	28 532	54 897
山　　东	63 252	35 221	7 444	7 941	1 399	11 247	99 748	60 378	15 658
河　　南	4 736	972	2 727		455	582	7 181	1 664	4 433
湖　　北	46 677	10 152	17 477	1 188	517	17 343	42 121	12 205	17 910
湖　　南	64 096	29 988	14 496	13 304	178	6 130	53 456	38 835	5 150
广　　东	117 659	92 134	8 226	1 163	409	15 727	139 568	102 433	20 861
广　　西	4 594	1 414	2 268	130	99	683	9 118	2 122	4 831
海　　南	350	231	109		7	3	3 555	2 840	688
重　　庆	1 806	434	1 194	95	53	30	4 473	2 334	1 481
四　　川	14 795	14 143	478	174			29 969	27 770	1 922
贵　　州	2 592	2 268	18	295		11	1 759	1 282	34
云　　南	4 254	2 525	1 207	271	21	230	8 643	4 885	1 821
西　　藏									
陕　　西	772	500	120	120	10	22	1 321	850	130
甘　　肃	232	154	71	2		5	760	628	127
青　　海									
宁　　夏	1 018	839	179				2 255	2 130	125
新　　疆	1 444		1 409	27		8	1 474		1 384

各地区渔业灾情造成的数量损失(二)

地 区	2.水产品损失(吨)(续)			3.(台风、洪涝)损毁渔业设施					
	干 旱	污 染	其 他	池塘(公顷)	网箱(鱼排)(箱)	围栏(千米)	沉船(艘)	船损(艘)	堤坝(米)
全国总计	**110 933**	**46 036**	**98 980**	**50 612**	**49 724**	**7 265**	**868**	**2 354**	**293 298**
北 京									
天 津									
河 北		550	52 364	63					
山 西			25	7					
内 蒙 古	603		38	11					1 200
辽 宁	36 597		12 333				5	1	2 300
吉 林	179								
黑 龙 江				827					
上 海		16						5	
江 苏	2 330	6 890	913	4 487	16	2 219		3	8 570
浙 江	198	137	71	401	1 335	1	767	75	1 586
安 徽	7 851	10 361	944	2 150	645	2 261			13 575
福 建	1 495	15 769	434	1 021	14 813	1	44	1 531	400
江 西	32 301	1 615	3 445	1 174	359	808		16	18 121
山 东	10 937	7 940	4 835	731	93	7		32	166 063
河 南		708	376	20	100	1 801			45
湖 北	7 920	453	3 633	4 968			20	106	29 105
湖 南	7 136	180	2 155	11 108	2 798		14	286	38 673
广 东	1 706	926	13 642	18 969	12 283	149	14	276	6 251
广 西	131	166	1 868	207	236	5			535
海 南		27		105	4 275				
重 庆	242	226	190	241		1		8	837
四 川	277			3 234			4	12	291
贵 州	227		216	83		2			2 240
云 南	547	70	1 320	108	12 351				366
西 藏									
陕 西	220	1	120	55	420	10		2	440
甘 肃	1	1	3	5					200
青 海									
宁 夏				637					2 500
新 疆	35		55					1	

各地区渔业灾情造成的数量损失(三)

地　区	3.(台风、洪涝)损毁渔业设施(续)							4.人员损失(人)			
	泵站(座)	涵闸(座)	码头(米)	护岸(米)	防波堤(米)	工厂化养殖(座)	苗种繁育场(个)	小计	失踪	死亡	重伤
全国总计	**123**	**292**	**5 299**	**65 994**	**19 115**	**143**	**72**	**43**	**12**	**27**	**4**
北　京											
天　津											
河　北			230	2 020			1				
山　西											
内蒙古											
辽　宁			300	1 000			4	19	8	11	
吉　林											
黑龙江											
上　海								2		1	1
江　苏		3	3	6 226	2 769						
浙　江			1 774	1 161	1 285		1	9	2	7	
安　徽	3	5		7 190	3 345	28	9				
福　建		6	678	1 409	6 812		19	9	2	7	
江　西		10		27 047	468	4	1				
山　东		1	3	301		87	6				
河　南											
湖　北	52	52		15 850	3	10		4		1	3
湖　南	5	9	1 925	1 245	508	9	5				
广　东	60	185	386	2 140	2 870	2	9				
广　西						3	3				
海　南											
重　庆		14									
四　川		5		205	70		11				
贵　州					800		2				
云　南	1	2									
西　藏											
陕　西	2										
甘　肃				200	185		1				
青　海											
宁　夏											
新　疆											

附　　录

附录 1

水产品产量数据调整说明

1. 根据第二次农业普查结果调整水产品产量数据说明

第二次全国农业普查结束后，按照国家统计局要求，原农业部对 2006 年渔业统计数据进行了调整。调整以农业普查水产养殖面积调查结果为依据，以各省、自治区、直辖市 2006 年的养殖单产水平、养殖结构为参考依据，综合测算各省、自治区、直辖市水产品产量调减比例，核定 2006 年水产品产量。并以此为基数，参考渔业统计年报中各年度间的产量调整比例，对 1997—2005 年的水产品产量数据进行了相应调整。

2. 根据第三次农业普查结果调整水产品产量数据说明

第三次全国农业普查结束后，农业农村部联合国家统计局对 2016 年渔业统计数据进行了调整。调整以农业普查结果为依据，对各省、自治区、直辖市 2016 年水产养殖面积进行适当核定修正，并以各省、自治区、直辖市 2016 年水产养殖面积、从业人员、水产苗种等指标数据为参考依据，综合测算核定各省、自治区、直辖市 2016 年水产品产量。并以此为基数，参考渔业统计年报中各年度间的产量调整比例，对 2012—2015 年的水产品产量数据进行了相应调整。

附录 2

调整后历年产量对照表(一)

单位:万吨

年　份	调整前	调整后	其　中				
			海洋捕捞	远洋渔业	海水养殖	淡水捕捞	淡水养殖
1986	935.76	935.76	430.22	1.99	150.08	58.32	295.15
1987	1 091.93	1 091.93	479.91	6.39	192.61	64.61	348.41
1988	1 225.32	1 225.32	504.66	9.64	249.29	71.98	389.75
1989	1 332.58	1 332.58	548.33	10.71	275.73	80.78	417.03
1990	1 427.26	1 427.26	594.40	17.09	284.22	85.64	445.91
1991	1 572.99	1 572.99	644.35	32.35	333.31	100.39	462.59
1992	1 824.46	1 824.46	720.84	46.43	424.31	99.09	533.79
1993	2 152.31	2 152.31	795.53	56.22	540.23	112.07	648.26
1994	2 515.69	2 515.69	925.61	68.83	604.80	126.79	789.66
1995	2 953.04	2 953.04	1 054.07	85.68	721.51	151.02	940.76
1996	3 280.72	3 280.72	1 152.99	92.65	765.89	175.43	1 093.76
1997	3 601.78	**3 118.59**	1 092.73	103.70	691.66	163.45	1 067.04
1998	3 906.65	**3 382.66**	1 201.25	91.31	751.99	197.51	1 140.60
1999	4 122.43	**3 570.15**	1 203.46	89.91	851.89	197.95	1 226.94
2000	4 278.99	**3 706.23**	1 189.43	86.52	927.96	193.44	1 308.88
2001	4 382.09	**3 795.92**	1 155.64	88.49	989.38	186.23	1 376.20
2002	4 565.18	**3 954.86**	1 128.34	109.64	1 060.47	194.71	1 461.69
2003	4 706.11	**4 077.02**	1 121.20	115.77	1 095.86	213.28	1 530.92
2004	4 901.77	**4 246.57**	1 108.08	145.11	1 151.29	209.60	1 632.49
2005	5 101.65	**4 419.86**	1 111.28	143.81	1 210.81	220.97	1 733.00
2006	5 290.40	**4 583.60**	1 136.40	109.07	1 264.16	220.38	1 853.59
2007	4 747.52	4 747.52	1 136.03	107.52	1 307.34	225.64	1 970.99
2008	4 895.59	4 895.59	1 149.63	108.33	1 340.32	224.82	2 072.49
2009	5 116.40	5 116.40	1 178.61	97.72	1 405.22	218.39	2 216.46
2010	5 373.00	5 373.00	1 203.59	111.64	1 482.30	228.94	2 346.53
2011	5 603.21	5 603.21	1 241.94	114.78	1 551.33	223.23	2 471.93
2012	5 907.68	**5 502.14**	1 190.02	124.40	1 575.20	204.02	2 408.51
2013	6 172.00	**5 744.22**	1 191.99	135.70	1 664.65	204.17	2 547.69
2014	6 461.52	**6 001.92**	1 200.18	203.68	1 732.40	202.49	2 663.17
2015	6 699.64	**6 210.97**	1 216.81	218.93	1 796.56	199.34	2 779.34
2016	6 901.25	**6 379.48**	1 187.20	198.75	1 915.31	200.33	2 877.89
2017		6 445.33	1 112.42	208.62	2 000.70	218.30	2 905.29
2018		6 457.66	1 044.46	225.75	2 031.22	196.39	2 959.84

注:根据第二次全国农业普查结果调整了 1997—2006 年产量,根据第三次全国农业普查结果调整了 2012—2016 年产量。

调整后历年产量对照表(二)

单位:万吨

年 份	调整前	调整后	海洋产品			淡水产品		
				捕捞	养殖		捕捞	养殖
1986	935.76	935.76	582.29	432.21	150.08	353.47	58.32	295.15
1987	1 091.93	1 091.93	678.91	486.30	192.61	413.02	64.61	348.41
1988	1 225.32	1 225.32	763.59	514.30	249.29	461.73	71.98	389.75
1989	1 332.58	1 332.58	834.77	559.04	275.73	497.81	80.78	417.03
1990	1 427.26	1 427.26	895.71	611.49	284.22	531.55	85.64	445.91
1991	1 572.99	1 572.99	1 010.01	676.70	333.31	562.98	100.39	462.59
1992	1 824.46	1 824.46	1 191.58	767.27	424.31	632.88	99.09	533.79
1993	2 152.31	2 152.31	1 391.98	851.75	540.23	760.33	112.07	648.26
1994	2 515.69	2 515.69	1 599.24	994.44	604.80	916.45	126.79	789.66
1995	2 953.04	2 953.04	1 861.26	1 139.75	721.51	1 091.78	151.02	940.76
1996	3 280.72	3 280.72	2 011.53	1 245.64	765.89	1 269.19	175.43	1 093.76
1997	3 601.78	3 118.59	1 888.10	1 196.44	691.66	1 230.50	163.45	1 067.04
1998	3 906.65	3 382.66	2 044.55	1 292.56	751.99	1 338.11	197.51	1 140.60
1999	4 122.43	3 570.15	2 145.26	1 293.37	851.89	1 424.89	197.95	1 226.94
2000	4 278.99	3 706.23	2 203.91	1 275.95	927.96	1 502.32	193.44	1 308.88
2001	4 382.09	3 795.92	2 233.50	1 244.12	989.38	1 562.42	186.23	1 376.20
2002	4 565.18	3 954.86	2 298.45	1 237.98	1 060.47	1 656.40	194.71	1 461.69
2003	4 706.11	4 077.02	2 332.82	1 236.97	1 095.86	1 744.20	213.28	1 530.92
2004	4 901.77	4 246.57	2 404.47	1 253.18	1 151.29	1 842.09	209.60	1 632.49
2005	5 101.65	4 419.86	2 465.89	1 255.08	1 210.81	1 953.97	220.97	1 733.00
2006	5 290.40	4 583.60	2 509.63	1 245.47	1 264.16	2 073.97	220.38	1 853.59
2007	4 747.52	4 747.52	2 550.89	1 243.55	1 307.34	2 196.63	225.64	1 970.99
2008	4 895.59	4 895.59	2 598.28	1 257.96	1 340.32	2 297.31	224.82	2 072.49
2009	5 116.40	5 116.40	2 681.55	1 276.33	1 405.22	2 434.85	218.39	2 216.46
2010	5 373.00	5 373.00	2 797.53	1 315.23	1 482.30	2 575.47	228.94	2 346.53
2011	5 603.21	5 603.21	2 908.05	1 356.72	1 551.33	2 695.16	223.23	2 471.93
2012	5 907.68	5 502.14	2 889.61	1 314.41	1 575.20	2 612.53	204.02	2 408.51
2013	6 172.00	5 744.22	2 992.35	1 327.70	1 664.65	2 751.87	204.17	2 547.69
2014	6 461.52	6 001.92	3 136.25	1 403.85	1 732.40	2 865.66	202.49	2 663.17
2015	6 699.64	6 210.97	3 232.29	1 435.73	1 796.56	2 978.67	199.34	2 779.34
2016	6 901.25	6 379.48	3 301.26	1 385.95	1 915.31	3 078.22	200.33	2 877.89
2017		6 445.33	3 321.74	1 321.04	2 000.70	3 123.59	218.30	2 905.29
2018		6 457.66	3 301.43	1 270.21	2 031.22	3 156.23	196.39	2 959.84

附录 3

渔业统计指标解释

第一章　水产品产量

第 1 条　水产品特征及产量统计范围

水产品指渔业(捕捞和养殖)生产活动的最终有效成果,它具有以下特征:

(1)它是渔业生产活动的成果。水产品既是渔业生产的劳动对象,也是渔业生产的劳动成果,它包括全部海淡水鱼类、甲壳类(虾、蟹)、贝类、头足类、藻类和其他类渔业产品。

(2)它是渔业生产活动的最终成果。渔业生产过程中的中间成果,如鱼苗、鱼种、亲鱼、转塘鱼、存塘鱼和自用作饵料的产品,不是最终成果,不能统计在水产品产量中。

(3)它是渔业生产活动的最终有效成果。水产品在上岸前已经腐烂变质,不能供人食用或加工成其他制品的,不统计在水产品产量中。

第 2 条　产量统计年度和统计者

(1)年水产品产量按日历年度计算。即从每年 1 月 1 日至 12 月 31 日止已从养殖水域捕捞起水或者已从天然水域捕捞并已返航卸港的水产品均统计在年产量中,有的生产渔船在外地收港卸鱼或者在海上由收购船扒载收购的,也按到港计算产量。

(2)水产品产量统计中,养殖产量按照水域所在地统计,国内捕捞产量按照渔船所属地统计,远洋渔业产量按照远洋渔业管理办法进行统计。

第 3 条　产量计量标准

除海蜇按三矾后的成品计量、各种藻类按干品计量外,其余各种水产品均按捕捞起水时鲜品实重(原始重量)计量。此外,供观赏的水生动物按个体计算。

第 4 条　养殖产量与捕捞产量划分原则

凡人工养殖并已起水的水产品数量为养殖产量,凡捕捞天然生长的水产品数量为捕捞产量。

(1)凡是人工投放苗种(不包括灌江纳苗)并进行人工饲养管理的淡水养殖水域中捕捞的水产品产量计算为淡水养殖产量,否则为淡水捕捞产量。

(2)凡是人工投放苗种或天然纳苗并进行人工饲养管理的海水养殖水域中捕捞的水产品产量计算为海水养殖产量,否则为海洋捕捞产量。

(3)稻田养殖起水的水产品,也计算为淡水养殖产量。

第 5 条　水产品分类

水产品分为海水产品和淡水产品两大类。

一、海水产品

海水产品包括海洋捕捞产品、海水养殖产品和远洋渔业产品。其中,海洋捕捞产品产量指国内海洋捕捞产品产量不包括远洋渔业产量。

1.海洋捕捞产品:包括海洋捕捞鱼类、甲壳类(虾、蟹)、贝类、藻类、头足类和其他类。

(1)海洋捕捞鱼类:海鳗、鳓鱼、鳀鱼、沙丁鱼、鲱鱼、石斑鱼、鲷鱼、蓝圆鲹、白姑鱼、黄姑鱼、鲵鱼、大黄鱼、小黄鱼、梅童鱼、方头鱼、玉筋鱼、带鱼、金线鱼、梭鱼、鲐鱼、鲅鱼、金枪鱼、鲳鱼、马面鲀、竹筴鱼和鲻鱼等。

(2)海洋捕捞甲壳类:虾和蟹。虾包括毛虾、对虾、鹰爪虾、虾蛄等。蟹包括梭子蟹、青蟹和蟳等。

(3)海洋捕捞贝类:蛤、蛏、蚶和螺等。

(4)海洋捕捞藻类:江蓠、石花菜和紫菜等。

(5)海洋捕捞头足类:乌贼、鱿鱼和章鱼等。

(6)海洋捕捞其他类:海蜇等。

2.海水养殖产品:包括海水养殖鱼类、甲壳类(虾、蟹)、贝类、藻类、其他类。

(1)海水养殖鱼类:鲈鱼、鲆鱼、大黄鱼、军曹鱼、鰤鱼、鲷鱼、美国红鱼、河鲀、石斑鱼和鲽鱼等。

(2)海水养殖甲壳类:虾和蟹。虾包括南美白对虾、斑节对虾、中国对虾和日本对虾等。蟹包括梭子蟹和青蟹等。

(3)海水养殖贝类:牡蛎、鲍、螺、蚶、贻贝、江珧、扇贝、蛤和蛏等。

(4)海水养殖藻类:海带、裙带菜、紫菜、江蓠、麒麟菜、石花菜、羊栖菜和苔菜等。

(5)海水养殖其他类:海参、海胆、海水珍珠和海蜇等。

3.远洋渔业产品:见第27条。

二、淡水产品

淡水产品包括淡水养殖产品和淡水捕捞产品。

1.淡水养殖产品:包括鱼类、甲壳类(虾、蟹)、贝类、藻类和其他类产品。

(1)淡水养殖鱼类:鲟鱼、鳗鲡、青鱼、草鱼、鲢鱼、鳙鱼、鲤鱼、鲫鱼、鳊鲂、泥鳅、鲇鱼、鮰鱼、黄颡鱼、鲑鱼、鳟鱼、河鲀、短盖巨脂鲤、长吻鮠、黄鳝、鳜鱼、鲈鱼、乌鳢和罗非鱼等。

(2)淡水养殖甲壳类:虾和河蟹,其中虾包括罗氏沼虾、青虾、克氏原螯虾和南美白对虾等。

(3)淡水养殖贝类:河蚌、螺、蚬等。

(4)淡水养殖藻类:即螺旋藻。

(5)淡水养殖其他类产品:龟、鳖、蛙和珍珠等。

(6)观赏鱼统计按"条"计量,其重量不计入淡水养殖总产量。

2.淡水捕捞产品:包括鱼类、甲壳类(虾、蟹)、贝类、藻类和其他类。其他类中包括丰年虫等。

第6条　海洋捕捞产量(按海区、渔具分类)

1.按捕捞海域分为渤海、黄海、东海和南海区产量。渤海、黄海、东海、南海区划分界线:

(1)渤海:东以辽宁老铁山西角经庙岛群岛至蓬莱角连线与黄海为界。

(2)黄海:南以长江口北角至韩国济州岛西南端连线与东海为界,东至朝鲜半岛与朝鲜海峡。

(3)东海:南以闽粤省界经东山岛南端至台湾省南端的鹅銮鼻灯塔连线与南海为界,东至对马海峡日本琉球群岛与我国台湾省。

(4)南海:东以巴士海峡、巴林塘海峡、菲律宾群岛与太平洋为界,南至加里曼丹,西临中南半岛及马来半岛。

2.按捕捞渔具分为拖网、围网、刺网、张网、钓具和其他渔具产量。

(1)拖网:单拖和双拖。

(2)围网:单船围网、双船围网和多船围网。

(3)刺网:定置刺网、漂流刺网、包围刺网和拖曳刺网。

(4)张网:单桩、双桩、多桩、单锚、双锚、船张、墙张和并列张网。

(5)钓具:漂流延绳钓、定置延绳钓、曳绳钓和垂钓(如鱿钓)。

(6)其他渔具:地拉网、敷网、抄网、掩罩、陷阱、耙刺、笼壶等类型。

第 7 条　海水养殖产量(按养殖水域分类)

(1)海上养殖:在低潮位线以下从事海水养殖生产。

(2)滩涂养殖:在潮间带间从事海水养殖生产。

(3)其他养殖:在高潮位线以上从事海水养殖生产。

第 8 条　淡水养殖产量(按养殖水域分类)

按养殖水面类型不同,分为池塘、湖泊、水库、河沟、稻田及其他养殖方式。

第 9 条　部分养殖方式分类产量

(1)普通网箱:网箱一般由合成纤维如尼龙、聚氯乙烯等网线编织而成,装置在网箱架上。普通网箱面积均为数平方米到数十平方米。一般安置在港湾、沿岸、湖泊、水库和河沟等水域。

(2)深水网箱:深水网箱是一种大型海水网箱,主要有重力式聚乙烯网箱、浮绳式网箱和碟形网箱三种类型,具有抗风浪性能。网箱水体均为数百立方米到数千立方米。深水网箱一般安置在水深 20 米以下的海域。

(3)工厂化:工厂化养殖即按工艺过程的连续性和流水性的原则,通过机械或自动化设备,对养殖水体进行水质和水温的控制,保持最适宜于鱼类生长和发育的生态条件,使鱼类的繁殖、苗种培育、商品鱼的养殖等各个环节能相互衔接,形成一个独自的生产体系,以进行无季节性的连续生产,达到高效率、高速度的养殖目的。

第二章　水产养殖面积

第 10 条　水产养殖面积

水产养殖面积指在报告期内实际用于养殖水产品的水面面积,包括海水养殖面积和淡水养殖面积。在报告期内无论是否全部收获或尚未收获其产品,均应统计在养殖面积中。但有些水面不投放苗种或投放少量苗种,只进行一般管理的,不统计为养殖面积。养殖面积法定计量单位为公顷。

第 11 条　海水养殖面积

海水养殖面积指利用天然海水养殖水产品的水面面积,包括海上养殖、滩涂养殖、其他养殖。工厂化、深水网箱不计入养殖面积。

第 12 条 淡水养殖面积

淡水养殖面积指在淡水水域养殖水产品的水面面积，包括池塘、湖泊、水库、河沟和其他五部分。工厂化、稻田养殖不计入养殖总面积。

第 13 条 养殖面积核算

(1)海上、滩涂、池塘、湖泊、水库、河沟等方式养殖面积按照实际使用的水面计算，计量单位公顷。

(2)普通网箱按照实际占用水面计算面积，计量单位为米^2。

(3)工厂化养殖：按照实际养殖水体的体积计算，计量单位为米^3。

(4)深水网箱：按照实际占用水的体积计算，计量单位为米^3。

(5)在江河、湖泊、水库投放苗种或灌江纳苗、增殖放流的水域不统计面积；湖泊、水库、河沟虽有专人管理，或有苗种投放，但人工养殖水产品起捕量不足 30% 的水面也不统计为养殖面积(其产量列入捕捞产量)。

第三章 渔业经济总产值和增加值

第 14 条 渔业经济总产值和增加值

渔业经济总产值和增加值指以货币表现的核算期内渔业经济活动的总产出和总成果，包括了全社会渔业、渔业工业和建筑业、渔业流通和服务业。

第 15 条 渔业产值和增加值

渔业产值指以货币表现的核算期内捕捞和养殖水产品及水产苗种的总产出和总成果。具体包括人工养殖的水生动物和海藻的产值、天然水生动物和天然海藻采集的产值，即包括海洋捕捞、海水养殖、淡水捕捞、淡水养殖产品以及水产苗种的产出。其计算方法：水产品及苗种的产量分别乘以其产品的现行价格。

渔业增加值指以货币表现的核算期内全社会从事渔业捕捞和养殖生产活动所创造的最终产品的价值，其计算方法：渔业总产出扣除渔业中间投入。

渔业产值和增加值的数据取自同级统计部门。

第 16 条 渔业工业、建筑业产值和增加值

渔业工业、建筑业产值和增加值指以货币表现的核算期内全社会从事水产品加工业、渔用机具制造业、渔用饲料工业、渔用药物制造业、渔业建筑业等的产出和成果。

水产品加工业产值等于加工产品量乘以现行价格，其增加值采用食品加工业增加值率进行推算。

渔用机具制造业产值、增加值等于渔船渔机修造业、渔用绳网制造业和其他设备制造业的产值、增加值之和；其产值计算方法主要采用“工厂法”计算，增加值的计算方法采用统计部门“规模以上工业企业总产值表”中的相应指标增加值率进行推算。

渔用饲料工业产值主要采用“工厂法”，增加值是渔用饲料工业现行总产出乘以“规模以上”饲料工业现价增加值率。

渔用药物制造业产值取同级相关部门统计年报表中的有关数据，其增加值等于渔用药物总产出乘以“规模以上”生物制药业现价增加值率。

渔业建筑业产值计算方法是从建筑产品所有方的建筑工程造价角度入手，依据投资完成额计算，其增加值采用建筑业增加值率来推算。

第 17 条　渔业流通和服务业产值和增加值

渔业流通和服务业包括渔业流通业，渔业（仓储）运输业，休闲渔业，渔业文化教育、科学技术和信息等产值和增加值。

渔业流通业产值以营业额来计算，其增加值等于渔业流通业产值乘以批发零售贸易业现价增加值率进行推算。

渔业（仓储）运输业产值即营业收入，其增加值计算方法与建筑业相同。

休闲渔业产值包括涉渔的一切旅游服务业产值，以营业额计算，其增加值用旅游业增加值率进行推算。

渔业文化教育、科学技术和信息等产值及其增加值根据财政部门《一般预算支出决算明细表》和有关资料进行推算。

第 18 条　计算总产值的价格

计算总产值的价格按当年价格计算。

当年价格就是当年出售产品时的实际价格。水产品当年价格以各地渔业生产单位初次出售的价格的平均价格为依据；工业产品以报告期内的产品出厂价格为当年价格。商业以零售价格为当年价格。

第四章　渔业船舶拥有量

第 19 条　渔业船舶

渔业船舶指从事渔业生产的船舶以及为渔业生产服务的船舶，按有无推进动力分为机动渔业船舶和非机动渔业船舶。按生产性质分为生产渔船和辅助渔船。

国内海洋捕捞渔业船舶转为远洋渔业船舶的当年，应纳入远洋渔业船舶统计范围内，在国内渔船统计范围中不再进行统计。

第 20 条　机动渔业船舶

机动渔业船舶指依靠本船主机动力来推进的渔业船舶，分为渔业生产船和渔业辅助船。

渔业生产船是直接从事渔业捕捞和养殖活动的船舶统称。从事捕捞业活动的渔船为捕捞船，从事养殖业活动的渔船为养殖船。捕捞船，按主机总功率分为：441 千瓦（含）以上、44.1（含）~441 千瓦、44.1 千瓦以下三类；按船长分为：24 米（含）以上、12（含）~24 米、12 米以下；按作业方式分为拖网、围网、刺网、张网、钓业、其他共 6 类，有关解释请参照第 6 条的相关内容。

渔业辅助船指从事各种加工、贮藏、运输、补给、渔业执法等渔业辅助活动的渔业船舶统称，包括水产运销船、冷藏加工船、油船、供应船、科研调查船、教学实习船、渔港工程船、拖轮、驳船和渔业行政执法船等。其中捕捞辅助船指水产运销船、冷藏加工船、油船、供应船等为渔业捕捞生产提供服务的渔业船舶。钓业、围网等作业渔船中的子船纳入捕捞辅助船统计范围。

机动渔船年末拥有量应按数量、吨位、功率分别统计，各计量单位规定如下：

（1）数量的单位为“艘”，“艘”应按船舶单元计算，子母式作业船应分别统计。

(2)吨位的单位为"总吨","总吨"应为丈量确定的船舶总容积,每 2.83 米^{3}为 1 总吨。

(3)功率的单位为"千瓦","千瓦"应按主机总功率计算。1 马力等于 0.735 千瓦。

第 21 条　非机动渔船

非机动渔船指无配置机器作为动力的渔船,依靠人力、风力、水力或其他船只带动的渔业船舶,包括风帆船、手摇船等。

第五章　渔业灾情

第 22 条　渔业灾情

渔业灾情指由于遭受台风(洪涝)、病害、干旱、污染和其他灾害而造成水产品产量减少、苗种损失、设施损坏、水域污染以及人员伤亡等。

水产品损失指由于灾害造成的水产品损失数量和金额。

受灾养殖面积指由于灾害造成水产品产量损失在 10% 以上的养殖面积。

渔业设施损毁指由于台风(洪涝)造成池塘、网箱(鱼排)、围栏、渔船损坏或沉没、堤坝、泵站、涵闸、码头、护岸、防波堤、工厂化养殖厂及苗种繁育场等被毁,从而造成的渔业设施毁坏的数量和金额。

人员损失指由于灾害而造成人员失踪、死亡和重伤的人数。

第六章　渔业人口与渔业从业人员

第 23 条　渔业乡和渔业村

在农村中,从事渔业生产与经营的人员占全部从业人员 50% 以上或渔业产值占农业产值的比重 50% 以上的乡、村,即为渔业乡和渔业村;达不到上述标准的,但一直是以经营渔业为主,并经上级主管部门批准定为渔业乡、村的,亦可统计为渔业乡和渔业村。

第 24 条　渔业户(家庭)

渔业户指农(渔)村和城镇住户中主要从事渔业生产与经营的家庭。凡家庭主要劳动力或多数劳动力从事渔业生产与经营的时间占全年劳动时间 50%(6 个月)以上或渔业纯收入占家庭纯收入总额 50% 以上者均可统计为渔业户。

第 25 条　渔业人口

渔业人口指依靠渔业生产和相关活动维持生活的全部人口,包括实际从事渔业生产和相关活动的人口及其赡(抚)养的人口,具体如下:

(1)直接从事渔业生产和相关活动的在业人口。

(2)兼营渔业和其他非渔业劳动者中,凡从事渔业生产和相关活动的时间全年累计达到或超过 3 个月者,或者虽全年累计不足 3 个月,但渔业纯收入占纯收入总额比重超过 50% 者。

(3)由从事渔业生产和相关活动的人口赡(抚)养的人口。

(4)在既有渔业劳动者又有非渔业劳动者的家庭中,根据渔业与非渔业纯收入比例分摊的被渔业劳动者赡(抚)养的人口。

渔业人口中的传统渔民:指凡渔业乡、渔业村的渔业人口均可称为传统渔民。

第 26 条　渔业从业人员

渔业从业人员:全社会中 16 岁以上,有劳动能力,从事一定渔业劳动并取得劳动报酬或经营收入的人员。

渔业专业从业人员:全年从事渔业活动 6 个月以上或 50% 以上的生活来源依赖渔业活动的渔业从业人员;

渔业兼业从业人员:全年从事渔业活动 3~6 个月或 20%~50% 的生活来源依赖渔业活动的渔业从业人员;

渔业临时从业人员:全年从事渔业活动 3 个月以下或 20% 以下的生活来源依赖渔业活动的渔业从业人员。

第七章　远洋渔业

第 27 条　远洋渔业产量和远洋渔船

远洋渔业产量:由各远洋渔业企业和各生产单位按我国远洋渔业项目管理办法组织的远洋渔船(队)在非我国管辖水域(外国专属经济区水域或公海)捕捞的水产品产量。中外合资、合作渔船捕捞的水产品只统计按协议应属于中方所有的部分。

远洋渔船:按上述办法、协议,在上述水域进行常年或季节性生产的渔船。

第八章　水产苗种

第 28 条　苗种

鱼苗:卵黄囊基本消失,鱼鳔充气,能平游主动摄食的仔鱼,包括人工孵化和江河湖海港湾采捕的天然鱼苗。

鱼种:鱼苗经培育后,发育至全体鳞片,鳍条长全,外观具有成鱼基本特征的幼鱼,一般全长在 1.7~23.3 厘米,因出塘季节和培育期的不同,又俗称为夏花、冬片、春片、秋片、仔口和老口。

扣蟹:蟹苗经数次退皮变成外形接近蟹形的仔蟹,再经过 4~5 个月饲养培育成每千克 100~200 只性腺未成熟的幼蟹。

第 29 条　苗种数量统计原则

由苗种孵化或育成的单位归属统计,从他处购进或以其他方式取得苗种,不再进行统计。

第九章　水产加工业

第 30 条　水产加工企业

水产加工企业:从事水产品保鲜(保活)、保藏和加工利用的企业。

规模以上企业:年主营业务收入 500 万元以上的水产加工企业。

水产品加工能力:年加工处理水产品的总量。

第31条　水产冷库

水产冷库指主要用于水产品冻结、冷藏和制冰的场所，一般以低温冷藏库数作为冷库座数。

冷库的冻结能力、冷藏能力、制冰能力均指冷库建造设计的及后来改扩建新增的生产能力之和。

第32条　水产加工品

水产加工品指以水产品为原料，采用各种食品贮藏加工、水产综合利用技术和工艺所生产的产品，如冷冻冷藏品、腌制品、干制品、熏制品、罐头食品、各种生熟小包装食品，以及鱼油、鱼肝油、多烯脂肪酸制剂、饲料鱼粉、藻胶、碘、贝壳工艺品等。

一、水产冷冻品

水产冷冻品指为了保鲜，将水产品进行冷冻加工处理后得到的产品，包括冷冻品和冷冻加工品，但不包括商业冷藏品。

冷冻品泛指未改变其原始性状的粗加工产品，如冷冻全鱼、全虾等。

冷冻加工品指采用各种生产技术和工艺，改变其原始性状、改善其风味后制成的产品，如冻鱼片、冻虾仁、冷冻烤鳗、冻鱼籽等。

二、鱼糜制品和干腌制品

鱼糜制品指将鱼（虾、蟹、贝等）肉（或冷冻鱼糜）绞碎经配料、擂溃成为稠而富有粘性的鱼肉浆（生鱼糜），再做成一定形状后进行水煮（油炸或焙烤烘干）等加热或干燥处理而制成的食品，如鱼糜、鱼香肠、鱼丸、鱼糕、鱼饼、鱼面、模拟蟹肉等。

干腌制品指以水产品为原料，经脱水（烘干、烟熏、焙烤等）或添加腌制剂（盐、糖、酒、糟）制成具有保藏性和良好风味的产品，如烤鱼片、鱿鱼丝、鱼松、虾皮、虾米、海珍干品，以及海蜇、腌鱼、烟熏鱼、糟鱼、醉虾蟹、醉泥螺、卤甲鱼、水生动植物调味品（虾蟹酱、蚝油、鱼酱油）等。

藻类加工品指以海藻为原料，经加工处理制成具有保藏性和良好风味的方便食品，如海带结、干紫菜、调味裙带菜等。

三、水产罐制品

水产罐制品指以水产品为原料按照罐头工艺加工制成的产品，包括硬包装和软包装罐头，如鱼类罐头、虾贝类罐头等。

四、鱼粉

鱼粉指用低值水产品及水产品加工废弃物（如鱼骨、内脏、虾壳等）等为主要原料生产而成的加工品。

五、鱼油制品

鱼油制品指从鱼肉或鱼肝中提取油脂，并制成的产品，如粗鱼油、精鱼油、鱼肝油、深海鱼油等。

六、其他水产加工品

其他水产加工品指除上述加工产品之外的加工品统称，如助剂和添加剂（蛋白胨、褐藻胶、碘、甘露醇、卡拉胶、琼胶等）、珍珠加工品、贝壳工艺品、鱼酒、鱼奶等。

第十章 渔民家庭当年收支情况调查

第 33 条 家庭常住人口数

家庭常住人口数指全年经常在家或在家居住 6 个月以上,而且经济和生活与本户连成一体的人口数。外出从业人员在外居住时间虽然在 6 个月以上,但收入主要带回家中,经济与本户连为一体,仍视为家庭常住人口;在家居住,生活和本户连成一体的国家职工、退休人员也为家庭常住人口。但是现役军人、中专及以上(走读生除外)的在校学生,以及常年在外(不包括探亲、看病等)且已有稳定的职业与居住场所的外出从业人员,不应当作家庭常住人口。

第 34 条 家庭渔业从业人员人数

家庭渔业从业人员人数指家庭常住人口中从事渔业生产、销售、运输等活动累计 6 个月以上的人数。

第 35 条 全年总收入

全年总收入指调查期内被调查对象从各种来源渠道得到的收入总和。按收入的性质划分为家庭经营收入、工资性收入、财产净收入、转移性收入和政府生产补贴(惠农收入)。

第 36 条 家庭经营收入

家庭经营收入指以家庭为单位进行生产经营和管理而获得的收入,包括渔业(水产品及鱼苗)收入、其他家庭经营收入。

渔业收入:水产品及鱼苗用于市场交易的现金收入或自产自食的实物收入。市场交易的现金收入等于交易的水产品及鱼苗或与水产品有关的劳务活动量乘以市场价格,只要交易发生,包括现款和应收款都要计算为收入;自产自食的实物收入,按自食水产品数量乘以相应水产品成本价格计算。如某个水产品的市场平均价格为 10 元/千克,用于计算该水产品市场交易的现金收入;成本价格为 6 元/千克,用于计算自产自食的该水产品实物收入。

经营其他行业收入:渔民家庭自主经营的除渔业外的其他行业,如种植业、畜牧业、林业等第一产业,或从事第二、三产业所取得的经营收入。第一产业的收入包括现金和实物两个部分,计算方法与渔业收入类似;第二、三产业只计算现金部分。

第 37 条 工资性收入

工资性收入指渔民家庭中从业人员通过各种途径得到的全部劳动报酬和各种福利,包括在渔业生产劳动中获得的工资和在其他行业劳动中获得的工资。

工资的形式包含计时计件劳动报酬、奖金、津贴,以及单位代个人缴纳的养老保险、医疗保险、失业保险、房租费、水电费、托儿费、医疗费等,单位定期或不定期发放过节费、调动工作的安家费、相当于现金的通用购物卡、免费或低价提供的实物产品和服务折价、工作餐补贴折价,零星或兼职劳动中得到现金、实物补贴折价等,还包括股份制企业派发或奖励给员工的股票和期权。

工资按照收付实现制计算,只要是在调查期内实际得到的工资,无论该工资是补发还是预发,都应归为本期得到的工资收入。本调查期内应得但因拖欠等原因未得到的工资不应计入。

工资不包括因员工或员工家属大病、意外伤害、意外死亡等原因支付给员工或其遗属的抚恤金和困难补助金,应该将其列入转移性收入中的社会救济和补助收入。

第 38 条　财产性净收入

财产性净收入指渔民家庭住户或成员将其所拥有的金融资产和自然资源交由其他机构单位、住户或个人支配而获得的回报并扣除相关的费用之后得到的净收入。财产性净收入包括利息净收入、红利收入、储蓄性保险净收益和转让承包土地或水面经营权租金净收入等。

利息净收入指利息收入扣除该住户或个人付给债权方的生活性借贷款利息支出后得到的净值。利息收入指按照双方事先约定的金融契约条件，借出金融资产（存款、债券、贷款和其他应收账款）的住户或个人从债务方得到的本金之外的附加额。利息收入是应得收入，包括各类定期和活期存款利息、债券利息、个人借款利息等，银行代扣的利息所得税也包括在内。

红利收入指住户或个人作为股东将其资金交由公司支配或处置而有权获得的收益。包括股票发行公司按入股数量定期分配的股息、年终分红以及从集体财产入股或其他投资分配得到的股息和红利。股票买卖结算后获得的收益（含亏损）不包含在内。

储蓄性保险净收益指住户或个人参加储蓄性保险，扣除缴纳的保险本金及相关费用后，所获得的保险净收益，不包括保险责任人对保险人给予的保险理赔收入。

转让承包土地或水面经营权租金净收入指住户将拥有经营权或使用权的土地转让给其他机构单位或个人获得的补偿性收入扣除相关成本支出后得到的净收入，也包括从其他机构单位或个人获得的实物形式的收入。

其他财产净收入指住户所得的除上述以外的其他财产性收入扣除相关的维护成本之后得到的净收入。如通过在国外购买的土地、矿产等自然资源获得的财产净收入等。

财产性净收入不包括将非金融资产（如住房、生产经营用房、机械设备、专利、专有技术、商标商誉等）交由其他机构单位、住户或个人支配而获得的回报，应该计入“经营净收入”。财产性净收入也不包括转让资产所有权的溢价所得，这些是“非收入所得”，不包含在本调查中。

第 39 条　转移性收入

转移性收入指国家、单位、社会团体对住户的各种经常性转移支付和住户之间的经常性收入转移。它包括政府、非行政事业单位、社会团体对居民转移的养老金或退休金、社会救济和补助、惠农补贴、政策性生活补贴、救灾款、经常性捐赠和赔偿以及报销医疗费等；住户之间的赡养收入、经常性捐赠和赔偿，以及农村地区（村委会）在外（含国外）工作的本住户非常住成员寄回带回的收入等。

转移性收入不包括住户之间的实物馈赠。

养老金或离退休金指根据国家有关文件规定或合同约定，在劳动者年老或丧失劳动能力后，根据他们对社会、单位所作的贡献和所具备的享受养老保险资格或退休条件，按月以货币形式或实物产品及服务给予的待遇，主要用于保障因年老或疾病丧失劳动能力的劳动者的基本生活需要。包括离退休人员的养老金或离退休金、生活补贴，农民享有的新型农村养老保险金，城镇居民享有的社会养老保险金，国家或地方政府给予城镇无保障老人的养老金，因工致伤离退休人员的护理费，退休人员异地安家补助费、取暖补贴、医疗费、旅游补贴、书报费、困难补助以及在原工作单位所得的各种其他收入，相当于现金的购物卡券也包含在内。也包括发给的实物和购买指定物品的票证、购物卡券，应同时计入相应的实物产品和服务项目中。

社会救济和补助指国家、机关企事业单位、社会团体和个人对各类特殊家庭、人员提供的特别津贴。包括国家对享受城镇居民最低生活保障待遇的家庭发放的最低生活保障金、对农村五保户发放的五保救助金、国家和社会及机构单位对特殊困难家庭给予的困难补助、扶贫款、救灾款、国家或机构单位向由于失去工作能力或意外死亡等原因而失去工作的职工或其遗属定期发放的抚恤金等。也包括发给的实物和购买指定物品的票证、购物卡券，应同时计入相应的实物产品和服务项目中。

惠农补贴指政府为扶持农业、林业、牧业、渔业和农林牧渔服务业，以现金或实物形式发放的各种生产补贴。现金形式发放的补贴包括粮食直补、购置和更新大型农机具补贴、良种补贴、购买生产资料综合补贴、退耕还林还草补贴、畜牧业补贴等生产性补贴。实物形式发放的补贴指政府低价或免费提供的相关产品和服务，如免费或低价提供的种子、农机具服务等。包括经营渔业的生产性补贴和经营其他产业的生产性补贴。在鱼塘改造中，如果是以渔民家庭为主进行投入建设，得到了政府补贴，计入渔民得到的惠农补贴；如果是政府直接奖励或投入改造建设，则按相关市场价格计入生产性固定资产。

政策性生活补贴指根据国家的有关规定，中央财政、各级地方财政给予家庭的相关政策性生活补贴。包括家电下乡和以旧换新等家电补贴、能源补贴、给农村寄宿制中小学生的生活补贴等；也包括其他低价或免费提供的实物产品和服务，如廉租房等。

报销医疗费指参加新型农村合作医疗、城镇职工基本医疗保险、(城镇)居民基本医疗保险、城乡居民大病保险的居民在购买药品、进行门诊治疗或住院治疗之后，从社保基金或单位报销的医疗费。报销医疗费属于一种实物收入。报销医疗费包括使用社保卡进行医疗服务付费时直接扣减的、由社保基金支付的部分。从商业医疗保险获得报销的医疗费不包括在内。

外出从业人员寄回带回收入指在外(含国外)工作的本住户非常住成员寄回、带回的收入。无论是以现金、汇款、转账、银行卡共享等任何形式寄回、带回的收入，都应计入。

赡养收入指亲友因赡养和抚养义务经常性给予住户及其成员的现金和实物收入。

其他经常转移收入指住户从除上述各项转移性收入以外得到的其他经常性转移收入。如经常性捐赠收入、经常性赔偿收入、失业保险金、亲友搭伙费等。

经常性捐赠收入指住户从他人、组织、社会团体处得到的经常性捐献或赠送收入。这种捐赠收入带有义务性和经常性，不包括遗产及一次性馈赠收入、婚丧嫁娶礼金所得、压岁钱等。捐赠收入与赡养收入的区别：赠送是对本住户的成员无赡养义务的其他住户或个人给本住户及其成员的现金。本住户成员内部间的捐赠收入和捐赠支出均不必记账。

经常性赔偿收入指住户及其成员因受到财产损失、人身伤害、精神损失得到的国家、单位、个人定期支付的经常性赔偿，不包括一次性赔偿所得。

第 40 条　全年总支出

全年总支出指渔民家庭全年用于生产、生活和再分配的全部支出。包括：家庭经营费用支出、生产性固定资产折旧、税费支出、生活消费支出、转移性支出。

第 41 条　家庭经营费用支出

家庭经营费用支出指以家庭为单位从事生产经营活动而消费的商品和服务、自产自用产品。包括经营渔业费用支出和经营其他行业费用支出。

经营渔业费用支出包括燃料、水电及加冰费用、雇工费用、饲料费用、购买种苗费用，以及加工费用、修理费、承包或租用费等其他生产支出。其中燃料、水电费指用于生产的，不包括用于生活的支出；修理或改造费用等，指额度在1 000元以下的日常渔需物质支出，在此价值量之上的如渔具的大修理、鱼塘清淤、改造等较大规模投入，则按量按价计入固定资产。

经营其他行业费用支出指从事除渔业经营外的其他行业，如种植业、畜牧业、林业等第一产业，或从事第二、三产业经营的支出。其计算方法参考经营渔业支出。

第 42 条 生产性固定资产原价及折旧

生产性固定资产指使用年限在 2 年及以上、单位价值在1 000元以上的房屋建筑物、机器设备、器具工具、役畜、产品畜等资产，其中渔业生产性固定资产包括生产用车船、精养鱼池、大型网具、防逃设施、涵闸、泵站等。

生产性固定资产原价指固定资产当初的购进价、新建价或开始转为固定资产的价值。自繁自养的幼畜成龄转作役畜、产品畜、种畜，按市场同类牲畜的平均价格计价。国家奖励和外单位赠送的固定资产按购置同类固定资产的价格参照其新旧程度酌情计价。

渔民家庭的生产性固定资产折旧按农业生产性固定资产折旧方法处理，即 15 年的使用期限。

第 43 条 税费支出

税费支出指渔民家庭以现金和实物形式缴纳的从事生产经营活动的各种税赋支出，以及承包费、一事一议款、以资代劳款、乡村提留、集资摊派等费用，包括经营渔业税费支出和经营其他产业税费支出。对于无法区分家庭产业经营活动的税费支出，按一定比例分摊。

第 44 条 转移性支出

转移性支出指渔民家庭或成员对国家、单位、住户或个人的经常性或义务性转移支付，包括缴纳的税款、各项社会保障支出、赡养支出、经常性捐赠和赔偿支出以及其他经常转移支出等。

个人所得税指家庭或成员被扣缴的工资薪金所得、对企事业单位的承包经营承租经营所得、个体工商户的生产经营所得、劳务报酬所得、稿酬所得、特许权使用费所得、利息股息红利所得、财产租赁所得、财产转让所得、偶然所得、经国务院财政部门确定征税的其他所得等个人所得的税款。生产税、消费税不在其内。

社会保障支出指家庭成员参加国家法律、法规规定的社会保障项目中由单位和个人共同缴纳的保障支出。包括养老保险、医疗保险、失业保险、工伤保险、生育保险以及其他社会保障支出。

赡养支出指家庭成员因赡养和抚养义务而付给亲友的经常性现金和定期的实物支出。现金赡养支出应按实际发生的金额计算，不论是从报告期收入中开支的，还是从银行存款、手存现金以及其他所得中开支的，均应包含在内。

其他经常转移支出指家庭或成员除缴纳的税款、社会保障支出、赡养支出以外的其他经常性转移支出，如经常性捐赠支出、经常性赔偿支出、各种罚款（如交通罚款）；政府部门向居民提供服务收取的服务费，如迁户口的办理费、办理身份证费，缴纳工会费、党费、团费以及学会团体组织费等。

经常性捐赠支出指家庭或成员赠予他人的经常性和带有义务性的现金支出，包括向寺庙的经常性捐款、定期资助贫困学生或贫困地区的款项、个人对公共设施建设的各类捐款，如解困基金、水利基金、防洪基金等，但不包括以商品或服务方式给予他人的价值额。婚丧嫁娶礼金支出及一次性馈赠支出如压岁钱、探望病人给予的礼金等不含在内。经常性捐赠支出应按实际发生的金额计算,不论是从报告期收入中开支的,还是从银行存款、手存现金以及其他所得中开支的,均应包括在内。

经常性赔偿支出指家庭或成员向因受到财产损失、人身伤害、精神损失的国家、单位、个人定期支付的赔偿支出,不包括一次性赔偿支出。

第 45 条　生活消费支出

生活消费支出指渔民家庭用于满足家庭日常生活消费需要的全部支出,包括伙食支出、烟酒支出、衣着支出、居住支出、生活用品支出、交通通信支出、教育文化娱乐支出、医疗保健支出、其他用品及服务支出。

伙食支出指渔民家庭住户购买粮、油、菜、肉、禽、蛋、奶、水产品、糖、饮料、干鲜瓜果等食品的支出,也包括在外饮食、餐馆外卖食品和其他饮食服务的支出,但不包括用于宠物食品的支出。

烟酒支出指渔民家庭住户用于烟草和酒类的支出。烟草包括卷烟、烟丝、烟叶。涵盖住户购买的所有烟草,包括在餐馆、酒吧等购买的烟草。不包括烟具。酒指用高粱、大麦、米、葡萄或其他水果发酵制成的含酒精饮料。主要有白酒、黄酒、葡萄酒、啤酒,包括低度酒精饮料或不含酒精的啤酒等。此处指买来在家喝的酒类,不包括在餐馆、旅馆、酒吧等消费的酒(在外饮食)。

衣着支出指渔民家庭住户用于穿着的支出,包括购买服装、服装材料、鞋类、其他衣类及配件,以及衣着相关加工服务的支出。

居住支出指渔民家庭住户用于居住的支出,包括房租、水、电、燃料、住房装潢、物业管理等方面的支出。

生活用品支出指渔民家庭住户购买家具和家用电器、日用杂品的支出。

家具和家用电器包括家具、家具材料、室内装饰品、家庭使用的各类大型器具和电器,小家电等,如冰箱、冷饮机、空调、洗衣机、吸尘器、干衣机、微波炉、洗碗机、消毒碗柜、炊具、炉灶、热水器、取暖器、保险柜、缝纫机、榨汁机、烤面包炉、酸奶机、熨斗、电水壶、电扇、电热毯等。

日用杂品包括床上用品、窗帘门帘和其他家用纺织品,以及洗涤及卫生用品、厨具、餐具、茶具、家用手工工具、其他日用品、护肤品、美容美发用品等。

交通通信支出指渔民家庭户在交通工具、交通费、通信器材、通信服务方面的支出。

交通工具包括家用汽车、摩托车、自行车及其他家庭交通工具。不包括经营用交通工具。

交通费包括乘坐各种交通工具(如飞机、火车、汽车、轮船等)所支付的交通费以及用于车辆使用的燃料费、停车费、维修费、车辆保险等。不包括因公出差暂由个人垫付的交通费。

通信工具包括固定电话机、移动电话机、寻呼机、传真机等。

通信服务费包括电话费、电话初装费、入网费、电信费、邮费等。

教育文化娱乐支出指渔民家庭户用于住户成员的教育活动、文化娱乐活动的支出。

教育包括职业技术培训费、学杂费、赞助费、一揽子教育服务费、教育用品支出等。文化娱乐包括用于文娱耐用消费品、其他文娱用品和文化娱乐服务。

文娱耐用消费品包括各种音像、摄影和信息处理设备,如彩色电视机、照相机、摄像机、组合音响、家用计算机,也包括中高档乐器、健身器材等,还包括文娱耐用消费品的零配件和维修。

其他文娱用品包括除教材及参考书以外的各种书报杂志及音像制品、文具纸张、体育户外用品、玩具、用于花鸟虫鱼等业余爱好的相关用品、宠物及宠物用品等其他文娱用品，也包括以上文娱用品的维修支出。

文化娱乐服务指和文化娱乐活动有关的各种服务费用。包括团体旅游、景点门票、体育健身活动、电影、话剧、演出票、有线电视费以及其他文化娱乐服务支出。

医疗保健支出指渔民家庭户购买医疗器具和药品，支付门诊和住院费方面的支出。

医疗器具和药品包括药品、滋补保健品、医疗卫生器具及用品和保健器具。

门诊和住院费指门诊和住院的医疗总费用，包括从各种医疗保险或其他医疗救助计划中获得的医药费和医疗费的报销款额；挂号费、诊疗费、注射费、手术费、透视费、镶牙费、出诊费、送药费、陪侍费、住院费、救护车费等；提供给门诊病人的药物、医疗器械和设备及其他保健产品。报销医疗费应按收付实现制记录，即仅当医疗费报销到手时才计入。

其他用品及服务指渔民家庭户在其他用品及服务方面的支出。

其他个人用品包括首饰、手表和其他杂项用品。

其他服务包括旅馆住宿费、美容美发洗浴、其他杂项服务。无法归入七大类服务支出的其他各项服务支出，如迷信、丧葬费、诉讼费、公证费、房地产中介服务费等也包含在内。

第 46 条　全年纯收入和渔业纯收入

全年纯收入指渔民家庭当年从各种来源得到的总收入相应地扣除所发生的费用后的收入总和。全年纯收入主要用于再生产投入和当年生活消费支出，也可用于储蓄和各种非义务性支出。渔民人均纯收入是按人口平均的纯收入水平，反映的是一个地区或一个渔民家庭的居民平均收入水平。计算方法：

全年纯收入=全年总收入-家庭经营费用支出-生产性固定资产折旧-税费支出

渔业纯收入=出售水产品收入+从事渔业所获得的工资性收入-经营渔业支出-渔业固定资产折旧-渔业税费支出

第 47 条　可支配收入

可支配收入指渔民家庭户可用于最终消费支出和储蓄的总和，即可以用来自由支配的收入。可支配收入既包括现金，又包括实物收入。本调查按照收入的来源，可支配收入包含四项，分别为：工资性收入、经营净收入、财产净收入、转移净收入。计算公式为：

可支配收入=工资性收入+经营净收入+财产净收入+转移净收入

其中：

经营净收入=经营收入-经营费用-生产性固定资产折旧-税费支出

转移净收入=转移性收入-转移性支出

第 48 条　渔民家庭收支调查台账首页及问卷

渔民家庭收支调查台账首页是用于采集渔民家庭收支情况基础数据的方法。在调查户中建立台账首页，按一定时间将发生收支情况通过问卷访问进行记录，由县级渔业统计人员按时间要求，直接通过村干部或村农业技术员收集或调查。本台账首页及问卷为参考表样，各地可根据实际情况自行设计，方便渔民理解。在台账首页中需要一次性填写的内容包括样本户地址及代码、居住房屋面积和估价、拥有大型网具价值、养殖面积、机动渔船数量、功率和吨位等。

样本户地址及代码指渔民家庭收支调查样本户的居住地址，按省、地、县、乡、村的行政地址填写，代码是国家统计局公布的标准代码（12 位）。村内的样本户按自然顺序编码。样本户所在的行政区划名称发生改变，但尚未获得国家标准名称和代码的，原地址和代码不变，可在备注中说明。

居住房屋面积指住宅用于生活居住的建筑面积，应扣除住宅中非生活居住（出租、生产或商用）的建筑面积。

建筑面积以房屋产权证或租赁证为准，也可按使用面积乘以 1.333 计算得出。如果没有相应证明，则由调查员根据本住宅或类似住宅判断填写。建筑面积应填写整数，不为整数时应四舍五入。

居住房屋的估价指居住房屋建筑本身的市场估值，仅包含建筑物本身的价值，不包含宅基地的价值。市场估值主要由调查员辅助住户进行填报。按农村地区的住宅市场估值方法进行估价，调查员预先了解本地区目前平均的房屋建造成本，并将这些信息提供给调查户。针对某个具体住宅，首先估计目前如果要建造同类住房所需要的成本，然后按照 30 年折旧的期限，根据住宅的建筑年份对剩余的价值进行折算。例如，农村的一栋两层小楼，于 1997 年建成，已经使用了 15 年。目前建造同类住房的成本约为 20 万元，则按照 30 年的折旧期限，目前该住宅的价值为 10 万元。如果住宅的使用年限已经超过 30 年，则根据住宅目前的实际情况酌情进行估价。对于竹草土坯房，原则上住宅的市场估值不超过5 000元。